Manfred Kiesel

Anregungen für den

KUNSTUNTERRICHT

ab Klasse

7/8

W0355786

Inhalt

Grafik

Farbe

Vorwort

Bei einigen Schülerinnen und Schülern der Klassen 7 und 8 haben sich die schwersten Stürme pupertärer Tendenzen, in denen Empfindsamkeit und Aktionismus, Zurückgezogenheit und angeberisches Verhalten, Lustlosigkeit und Euphorie zu Tage treten, bereits gelegt. Bei einigen ist die Phase persönlicher Verunsicherungen und Unausgeglichenheit noch in vollem Gange. Andere, neue Formen eigener Lebensweisen werden zumindest ansatzweise entwickelt, dazu gehören auch Idealbilder, Zielvorstellungen und Selbstbestimmung.

Der Prozess der Berufsfindung kommt bei Hauptschülerinnen und Hauptschülern langsam ins Rollen und bringt des öfteren schon jetzt Frustrationen mit sich.

Zusätzlichen Frust sollten wir in unserem Fach möglichst vermeiden, indem verstärkt bildnerische Probleme gestellt und Techniken eingesetzt werden, die Erfolgserlebnisse verschaffen können. Das gelingt oft mit sogenannten Zufallstechniken. Die Produkte dieser Zufallsverfahren können zunächst als vorläufige Ergebnisse angenommen, später auch weiterverarbeitet werden.
Viele Schülerinnen und Schüler sind verunsichert, sie empfinden ihr eigenes Talent als unzureichend und erkennen vor allem in ihrer zeichnerischen Entwicklung eine starke Diskrepanz zwischen ihrem auf realistische Darstellungsweisen orientierten Anspruch und den eigenen Darstellungs- und Umsetzungsmöglichkeiten. Hier sind verstärkt Hilfen, Anschauungsmöglichkeiten und auch Vorgaben sinnvoll. Vorgaben können der möglichst genauen aber auch der kreativen Umsetzung und Verarbeitung dienen.
Es sollten, wenn immer möglich, genügend Spielräume für eigene Assoziationen und damit für individuelle Motive geschaffen werden.

Hinweise zum Gebrauch

Liebe Kolleginnen und Kollegen,

die nachfolgenden Unterrichtsanregungen können von Ihnen und Ihren Schülerinnen und Schülern auf unterschiedliche Weise genutzt werden:

Zum einen als Kurzanregungen für den „normalen Unterricht" im Klassenverband. Sie bekommen auf einer Seite Kurzinformationen über den Einsatz auch in anderen Klassenstufen, die Thematik/Aufgabenstellung und den Arbeitsbereich, die Materialien, die Arbeitsweise, die Arbeitsform (Einzel-, Partner- oder Gruppenarbeit) und den erforderlichen Zeitaufwand.
Es kann sich beim Zeitaufwand natürlich nur um ungefähre Richtwerte ausschließlich für die praktische Arbeit handeln. Nicht berücksichtigt sind eine Einführung, eine Bildbetrachtung oder Wahrnehmungsübung, eine eventuell notwendige Zwischenbesprechung und die Schlussbesprechung mit Präsentation einiger oder aller Schülerarbeiten.

Weiterhin können Sie die Arbeitsanregungen als zusätzliche Angebote, also zur differenzierenden Ergänzung Ihres Unterrichts nutzen.

Differenzierungangebote stellen auch hier den Anspruch, individuelle Interessen, Fähigkeiten und Fertigkeiten weiterzuentwickeln, Selbsterfahrungen zu ermöglichen, Selbsttätigkeit, Selbständigkeit und bei manchen Aufgaben auch Kommunikation und Kooperation zu fördern. Bei Differenzierungsangeboten sollten Sie unter anderem die Bearbeitungszeiten beachten.

Außerdem können Sie viele Arbeitsanregungen als mögliche Bausteine für sogenannte „Freiarbeit" einsetzen. Dabei sollten Sie beachten, dass Freiarbeit in ein erzieherisches wie auch unterrichtliches Gesamtkonzept eingebettet werden muss und nicht adhoc realsiert werden kann. Dennoch sollten Sie - wenn auch nur im Ansatz, stellenweise, in Ergänzung, zur Erprobung - Versuche wagen.

Freiarbeit stößt in unserem Fach dann auf Grenzen,

wenn es um Bildbetrachtungen, Wahrnehmungsübungen, Schlussbesprechungen geht, die nur gemeinsam durchführbar sind. Sie können jedoch jeweils einige „freiarbeitlich" hergestellte Objekte im Klassenverband vorstellen lassen und eine Aussprache darüber anregen.

Der Abschnitt „Arbeitsweise" müsste dann gegebenenfalls Ihrer Klassensituation entsprechend umformuliert, ergänzt, erweitert, offener gestaltet oder noch weiter konkretisiert werden.

Wenn Sie einen Vorschlag als eine für alle verbindliche Aufgabenstellung nutzen wollen, sollten Sie überlegen, ob sich daraus nicht fächerverbindende, fachübergreifende Aspekte ergeben könnten. Oft genügen kleine Umorientierungen in der Motiv - oder Aufgabenstellung, um sinnvolle Verbindungen aufzuzeigen, Parallelen aufzuspüren und Vernetzungen anzubahnen.

Sammeln Sie alles und lassen Sie alles sammeln, was in unserem Fach Verwendung finden könnte. Fragen Sie dabei auch nach Restposten und Bruchstücken in Fachgeschäften und Heimwerkermärkten.

Probieren Sie, wann immer möglich, eine Aufgabenstellung selbst praktisch aus!

Das schafft mehr Handlungssicherheit, mehr Kompetenz, mehr Sensibilität. So können Sie Möglichkeiten, Schwierigkeiten und Grenzen in Ihrer ganz konkreten Klassensituation besser einschätzen und sich darauf einstellen.

Bringen Sie ab und zu etwas Eigenes mit, das zeigt Ihren Schülerinnen und Schülern, dass Sie engagiert sind.

Die Anregungen sind nach Arbeitsbereichen gegliedert. Arbeitsbereiche sind: Grafik, Farbe, Druckgrafik, Plastik, Foto/Copy, Architektur und Design. Ab und zu ergeben sich Verbindungen zu anderen Arbeitsbereichen.

Ich wünsche Ihnen und Ihren Schülerinnen und Schülern anregendes Arbeiten, interessante Gespräche und gute praktische Arbeiten, die von allen Beteiligten akzeptiert werden.

Manfred Kiesel

Für die Mitwirkung an der Zusammenstellung der Unterrichtsvorschläge und der praktischen Erprobung danke ich Herrn Walter Münkel (Lehrbeauftragter für das Fach Bildende Kunst am Staatlichen Seminar für schulpraktische Ausbildung in Bad Mergentheim). Für die freundliche Unterstützung mit Bildmaterial danke ich dem Künstler Martin Schwarz (Winterthur/Bartenstein) sowie dem Neckar Verlag Villingen-Schwenningen.

FANTASTISCHE FIGUR ENTDECKT

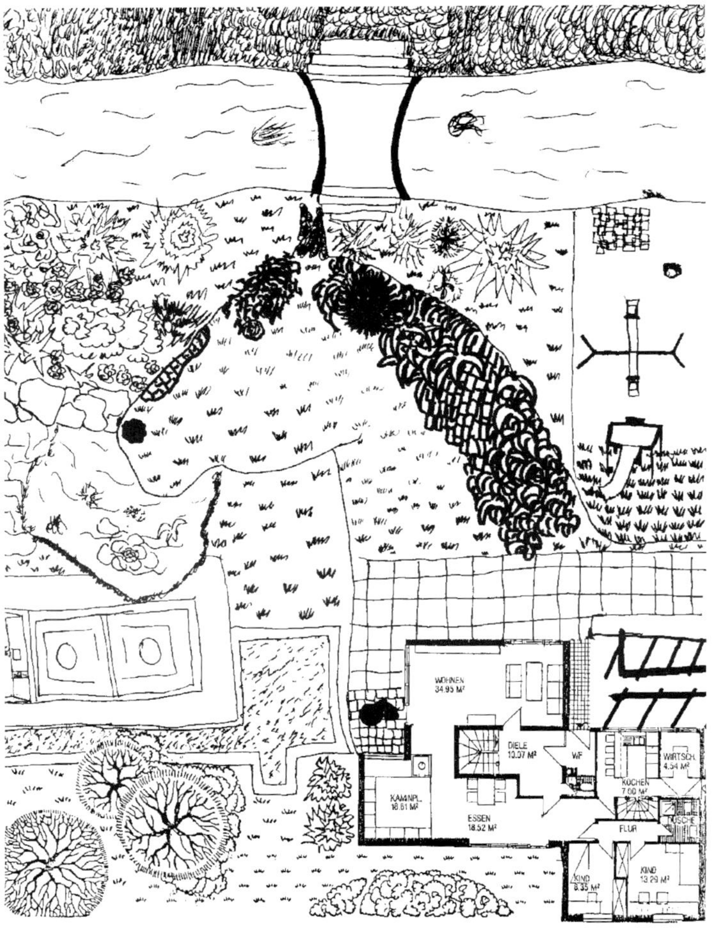

Altersstufe
Klasse 7 - 10

Zielvorstellung
- Grafische Zeichen zur Darstellung von Bepflanzungen, Pflasterungen, Mobiliar und Bauwerken in Garten- und Landschaftsplänen kennenlernen, selbst erproben und anwenden
- Entwerfen von fantastischen Figuren
- Darstellung der Figur mit Hilfe der erprobten grafischen Zeichen

Material/Werkzeug
1. Schwarzer Filzstift, Kugelschreiber oder Holzfarbstift.
2. Kopiervorlage oder DIN-A4-Blatt.
3. Pläne, Luftaufnahmen.

Zeitaufwand
Zwei Unterrichtsstunden müssten genügen.

Kopiervorlage
siehe Anhang Seite 86

Arbeitsweise
1. Als Einstieg bieten sich Pläne von Garten- und Parkanlagen an. Die Schüler lernen dabei verschiedene grafische Möglichkeiten zur Darstellung von Pflasterungen und anderen Weggestaltungen, Mauern, Laubbäumen, Büschen, Nadelgehölzen, Beeten, Rasen usw. kennen. Auch der Einsatz von Drudeln ist möglich.
2. Erproben vorgegebener und gegebenenfalls Entwicklung eigener Zeichen auf einem Blatt.

Mona Lisa, Werbebild

3. Motivation mit einer Geschichte von einem Flug über einen ungewöhnlichen Garten. Die Anordnung der Gartenelemente ergibt aus der Vogelperspektive eine fantastische Figur. Fantastische Figuren können selbst entwickelt und skizziert oder mit Hilfe von Abbildungen angeregt werden.
4. Möglichst genaue Ausführung der Zeichnung mit vielfältigen grafischen Zeichen.
5. Präsentieren aller Arbeiten und Besprechung ausgewählter Beispiele.

Variationen
- Wundersamer Park mit Gesicht
- Jetzt kann man eine Tierfigur entdecken
- Etwas passt nicht in den Schrebergarten
- Besondere Schatzkarte
- Stadion von oben gesehen
- Verändern von kopierten Plänen: Aus dem Großparkplatz wird eine Insellandschaft

ACHTUNG ERGÄNZUNG!

Altersstufe
Klasse 7 - 10

Zielvorstellung

- Eine Bildvorlage soll möglichst so ergänzt werden, dass hinzu gezeichnete Teile in der Gesamtsicht kaum auffallen. Dabei können sowohl bestehende Texturen übernommen und weitergeführt, als auch neue Strukturen ge- bzw. erfunden werden

Material/Werkzeug

1. Kopiervorlage (unterschiedliche Kopiervorlagen zur Auswahl).
2. Schwarzer Kugelschreiber, Füller, Filzstift, Holzfarbstift. Eventuell auch Tusche, Federn, Stäbchen, Haarpinsel oder Bleistift zum Skizzieren.

Zeitaufwand
Mindestens eine Unterrichtsstunde.

M. W., Monogrammist: Ackerbau

Arbeitsweise

1. Kopiervorlage auswählen oder vorgegebene Bildvorlage bearbeiten.
2. Zunächst die angeschnittenen Linien/Liniengefüge weiterführen, ohne dass ein Bruch entsteht und die Übergänge von der Vorgabe zur eigenen Ausgestaltung kaum zu erkennen sind.
3. Nach Bildsituation eigene Bildlösungen (Strukturen/Texturen) einbringen.
4. Durch Kopieren des fertigen Bildes werden zumindest noch auffällige zeichenmaterialabhängige Unterschiede abgeschwächt.

Variationen

- Die Kopiervorlagen können von innen nach außen, von links nach rechts, von unten nach oben oder jeweils umgekehrt weitergeführt werden.
- Auch kopierte Kunstbeispiele eignen sich. Sie können stellenweise ergänzt bzw. überarbeitet zu werden.
- Kunstwerke stellenweise durch weiße Papierfetzen abdecken und kopieren, die dadurch entstandenen Aussparungen entsprechend ausgestalten.
- Spiegelbildliches Ausgestalten der Rückseite einer Vorlage (z. B. Rhinozerus von A. Dürer). Herstellen einer veränderten „Fälschung" mit anschließendem Vergleich zwischen Original und Fälschung.

Kopiervorlage
siehe Anhang
Seite 87

DRUNTER UND DRÜBER

Altersstufe
Klasse 8 - 10

Zielvorstellung
- Durch vielfältige Überschneidungen von Bildelementen räumliche Lagebeziehungen erproben und darstellen
- Durch einfache Schraffuren können Hell-Dunkel-Modellierungen eingesetzt werden, welche die Raumillusion verstärken

Material/Werkzeug
1. Zeichenblock DIN A4 oder Zeichenblatt weiß oder getönt. Auch dunkles Tonpapier ist möglich.
2. Zeichenstifte (weicher Bleistift, Holzfarbstift, Tusche und Feder, schwarzer Kugelschreiber). Für dunkles Tonpapier. eignet sich ein weißer Holzfarbstift. Eventuell Radiergummi.

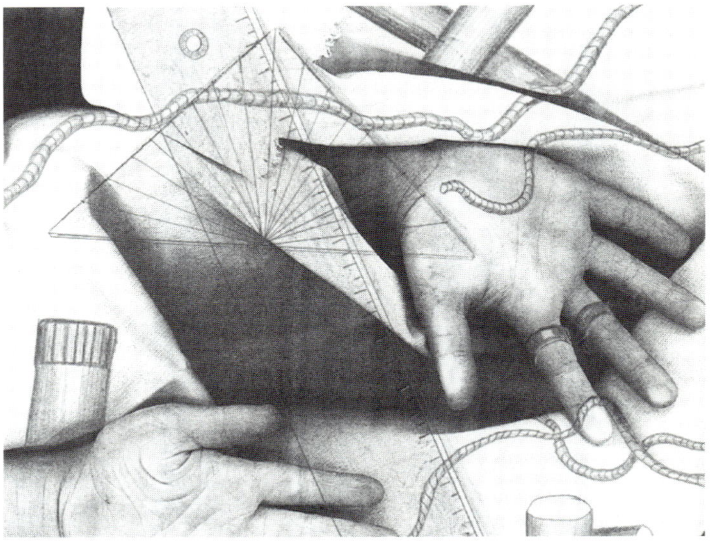

Zeitaufwand
Mindestens 60 Minuten.

Arbeitsweise
1. Betrachten und Analysieren von Bildbeispielen.
2. Auswahl eines Motivs bzw. eines oder mehrerer Gegenstände. Es eignen sich einfache Gegenstände/Ausgangspunkte (z.B. geometrische Formen, Blätter, Stäbe) aber auch kompliziertere (z.B. geknickte und geschwungene Bänder, Bäume ohne Laub, Werkzeug).
2. Ausgangspunkt ist das oberste, vorderste Teil bzw. die oben liegenden vorderen Teile.
3. Alles was darunter oder dahinter liegt, wird teilweise verdeckt, überschneidet sich. Skizzieren mit Bleistift, Ausradieren nicht benötigter (Hilfs-)Linien.

Martin Schongauer,
Antonius von Dämonen geplagt, 1475

4. Sind alle Teile gezeichnet, können Hell-Dunkel-Schattierungen vorgenommen und der Grund dunkel (bei dunklem Tonpapier hell) gestaltet werden.

Variationen
- Bei dieser Aufgabe (Blick in die Werkzeugkiste oder Schublade, Buchstabensalat) kann entweder nur gezeichnet oder die Zeichnung mit Collageteilen ausgestattet, aber auch nur collagiert werden.
  Bei reinen Collagen muss im Gegensatz zur Zeichnung genau der umgekehrte Weg gegangen werden: Die unteren Teile zuerst kleben und obenauf die vollständig sichtbaren Teile legen und kleben.
- Auch die Kombination zwischen kopierten Elementen und Zeichnung sowie die Nutzung von PC und Zeichenprogrammen ist bei dieser Problemstellung möglich.

FALLENDE SCHACHTELN

Altersstufe
Klasse 8 - 9

Zielvorstellung

- Durch Klein-Groß-Kontraste und parallelperspektivischer Darstellung den räumlichen Eindruck von herunterfallenden Schachteln erzielen
- Mit einfachen Hilfsmitteln eine Körper- und Raumillusion erreichen

Material/Werkzeug

1. Zeichenblock DIN A3 bis DIN A4 oder Tonpapier.
2. Quadratische oder rechteckige Abbildungen von Schachteldeckeln oder kleine ausgeschnittene Schachteldeckel (bzw. Seiten- oder Unterteile).
3. Schere, Klebstoff.
4. Bleistift, Kugelschreiber oder Filzstift, Buntstifte oder Wasserfarben und Haarpinsel.

Zeitaufwand
Mindestens 60 Minuten.

Arbeitsweise

1. Ausschneiden von quadratischen oder rechteckigen Schachtelteilen in unterschiedlicher Größe.
2. Probeweises Anordnen (kleine Teile oben, nach unten immer größer) und Aufkleben der Teile.
3. Einzeichnen der Seitenkanten (nach unten) in parallelperspektivischer Weise.
4. Grafisches oder farbiges Ausgestalten der Seitenflächen und der Umgebung.

Variationen
Teilweise einstürzender Wackelturm, 3-D-Buchstaben (eigener Name), Steinhaufen, Altpapiersammelstelle.

GLÄSERNE QUADERWÜRFELSTADT

Altersstufe
Klasse 8 - 10

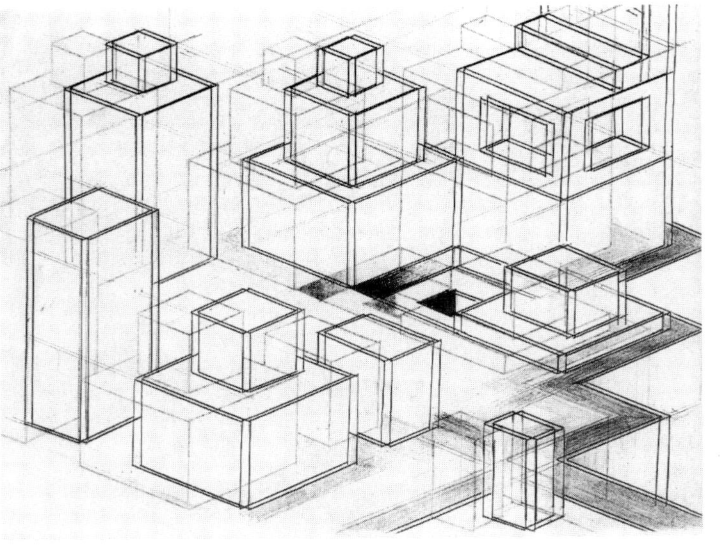

Schülerarbeit versetzt kopiert

Zielvorstellung

- Mit Hilfe von parallelperspektivischen Darstellungen einfacher Würfel und Quader soll durch Kombinationen dieser geometrischen Körper eine Konstruktion entstehen, die assoziativ auf eine gläserne Zukunftsstadt hinweist

Material/Werkzeug

1. DIN-A4-Blatt weiß oder getönt.
2. Lineal und Geodreieck.
3. Weicher Bleistift, schwarzer Kugelschreiber oder Filzstift, Radiergummi.
4. Eventuell Kopiergerät.

Zeitaufwand
Mindestens zwei Unterrichtsstunden.

Arbeitsweise

1. In das Blatt (Querformat) mit dem Lineal Diagonalen zu den jeweils gegenüberliegenden Ecken ziehen.
2. Anschließend jeweils parallel zu den beiden Diagonalen über das gesamte Blatt weitere Linien (ca. im Abstand einer Linealbreite).
3. In das „Raster" mit Bleistift und Geodreieck Quader oder Würfel als Bauelemente einsetzen. Es kann nach oben und stellenweise auch in die Tiefe gebaut werden. Man beginnt am besten am unteren Bildrand, so lässt sich besser erkennen, wo noch Baulücken sind. Hilfslinien mit Bleistift können stehen bleiben.
4. Zum Schluss die wichtigsten sichtbaren Umrisse mit schwarzem Kugelschreiber nachziehen.

Variationen

- Die räumlich-plastische Wirkung kann durch Hell-Dunkel-Modellierungen von einzelnen Flächen noch gesteigert werden.
- Durch versetztes Kopieren der Arbeiten entstehen noch komplexere Verschachtelungen.
- Treppengewirr.

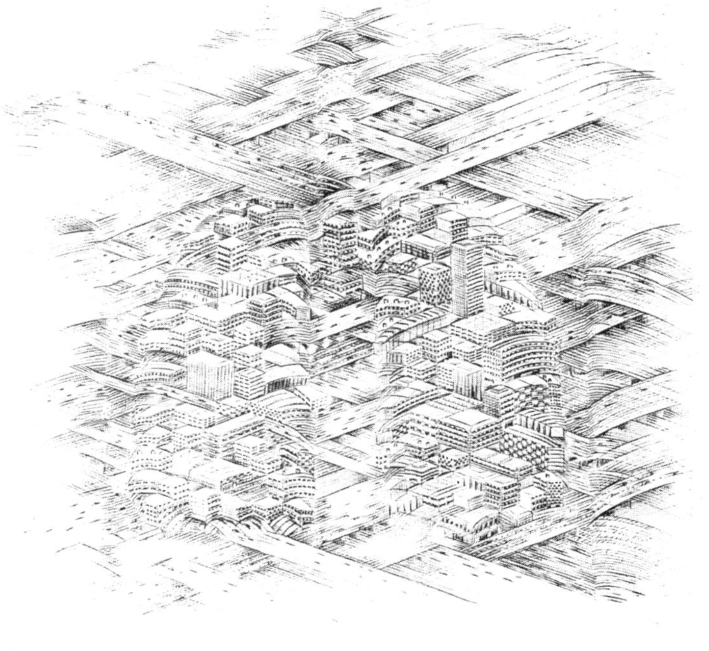

Thomas Bayrle, Die Stadt, 1977

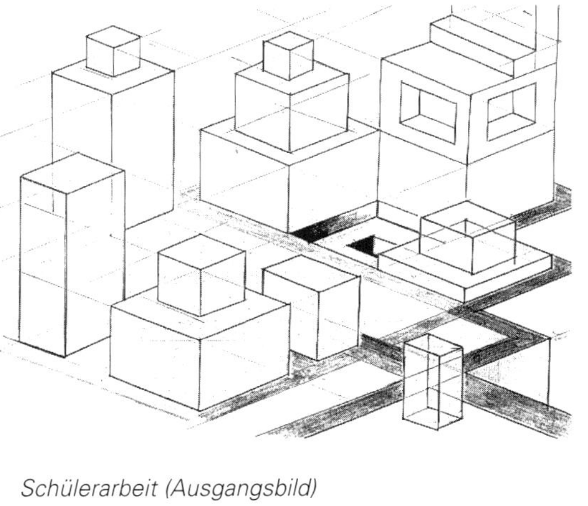

Schülerarbeit (Ausgangsbild)

SPRENGZEICHNUNG

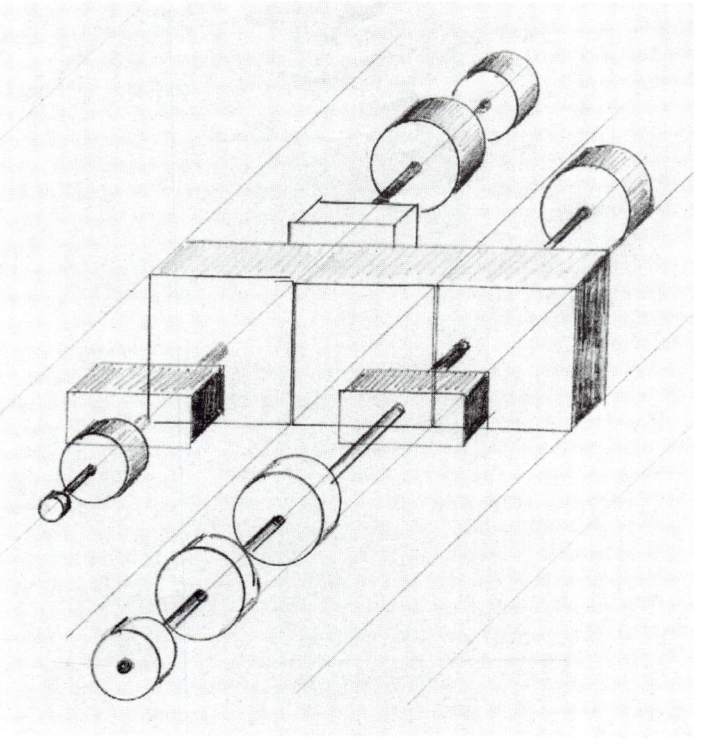

Altersstufe
Klasse 8 - 10

Zielvorstellung
- Darstellung von verschiedenen Einzelteilen einer Figur in Parallelperspektive. Dabei wird eine Figur wie in einem Bausatz oder in einer Bauanleitung in mehrere Teile zerlegt und perspektivisch dargestellt

Material/Werkzeug
1. Zeichenblock DIN A4 oder Papiere weiß oder getönt. Auch kariertes Papier oder dunkles Tonpapier ist möglich.
2. Bauanleitungen oder Kunstbeispiele mit perspektivischen Abbildungen als Anschauungsobjekte.
3. Zeichenstifte (weicher Bleistift, Holzfarbstift, Kugelschreiber). Für dunkles Tonpapier eignet sich ein weißer Holzfarbstift. Eventuell Radiergummi.
4. Lineal, Geodreieck und evtl. Schablonen mit einfachen geometrischen Figuren.

Zeitaufwand
Mindestens 60 Minuten.

Arbeitsweise
1. Auswählen eines Motives. Es gibt einfachere und kompliziertere Darstellungsmöglichkeiten, das Anspruchsniveau kann weitgehend selbst bestimmt werden.
2. Anlegen von parallelen Hilfslinien (am besten entlang einer Diagonalen).
3. Leichtes Skizzieren der einzelnen Teile. Es empfiehlt sich, mit dem in der Mitte liegenden „Hauptstück“ zu beginnen.
4. Stärkeres „Nachfahren“ der sichtbaren Teile, Ausdifferenzierung mit Bleistift oder anderen Zeichenstiften.
5. Sind alle Teile gezeichnet, können zusätzlich Hell-Dunkel-Schattierungen vorgenommen werden.

Hans Hamngren, Sprengzeichnung

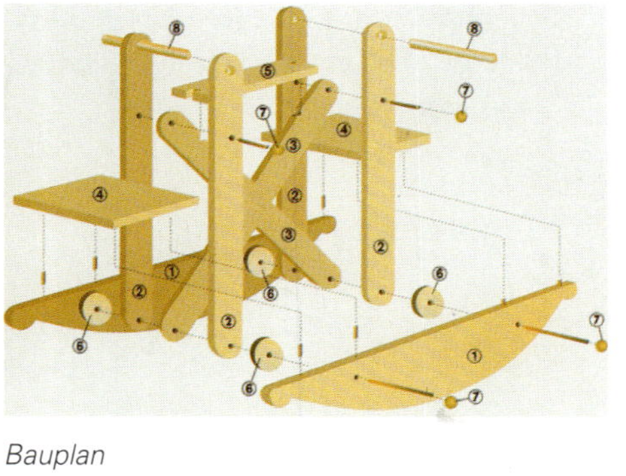

Bauplan

MEIN SAMMELSURIUM UNTER GLAS

Altersstufe
Klasse 8 - 10

Zielvorstellung
- Konstruktion einer Glasvitrine in Parallelperspektive
- Mit Hilfe ausgeschnittener Collageteile mehrere selbst ausgewählte Objekte in eine gläserne Vitrine integrieren

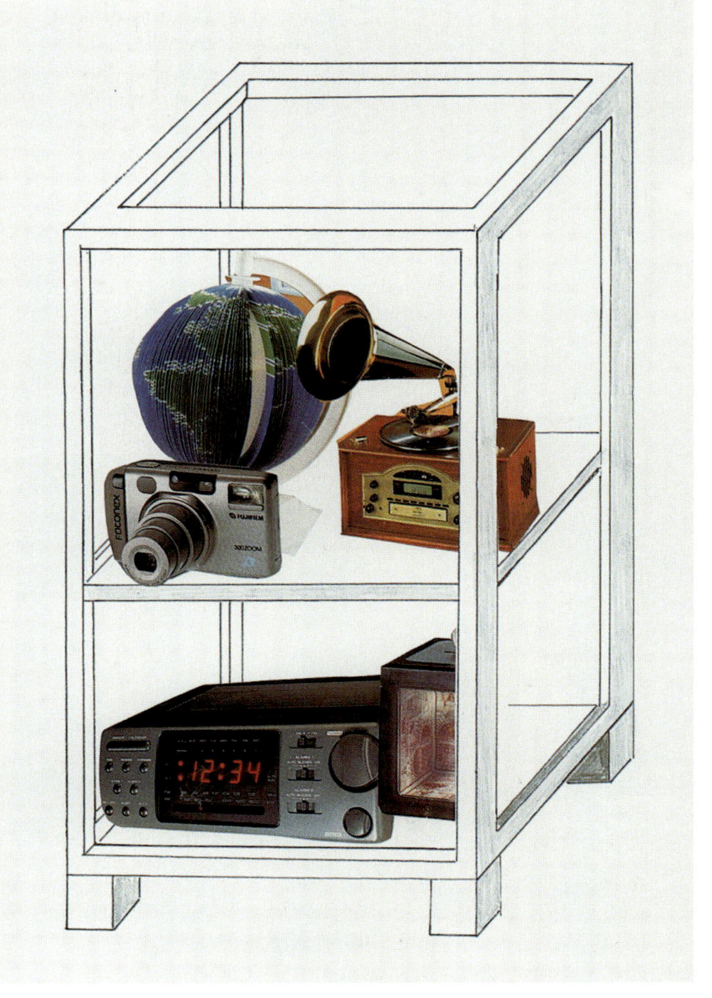

Material/Werkzeug
1. Zeichenblock DIN A4 oder Papiere weiß oder getönt.
2. Abbildungen aus Zeitungen, Jugendzeitschriften, Illustrierten, Prospekten, Schere, Klebstoff.
3. Zeichenstifte (weicher Bleistift, Holzfarbstift, Kugelschreiber), Geodreieck, eventuell Radiergummi.

Zeitaufwand
Mindestens zwei Unterrichtsstunden.

Arbeitsweise
1. Zeichnen eines „gläsernen" Schaukastens durch parallelperspektivisch angelegte Umrisslinien.
2. Aussuchen und Ausschneiden kleinerer Figuren und Gegenstände.
3. Anordnen und Aufkleben der Collageteile. Dabei sind sowohl die Perspektive der Abbildung als auch mögliche Überschneidungen zu beachten!
4. Ausdifferenzierung mit Bleistift oder anderen Zeichenstiften.
5. Sind alle Teile gezeichnet und geklebt, können zusätzlich Hell-Dunkel-Schattierungen vorgenommen werden.

Variationen
- Variationen ergeben sich hier in der Konstruktion der Vitrinen, Sammel- und Setzkästen sowie der Auswahl und Anordnung der Gegenstände.
- Neben parallelperspektivisch konstruierten Kästen können auch besondere Schneekugeln, Einmachgläser, Käseglocken usw. gezeichnet werden.

ERPROBEN VON SCHRAFFUREN

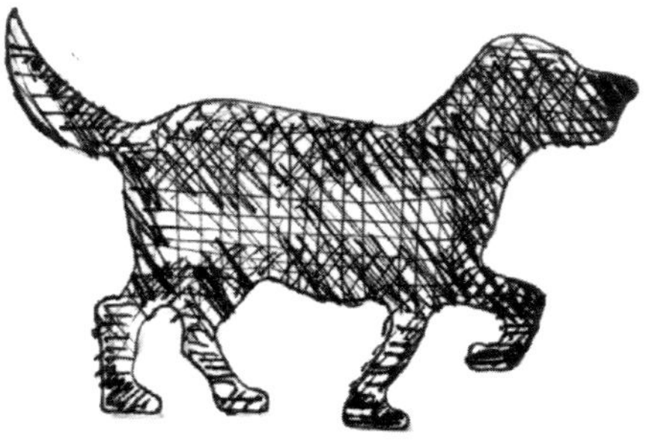

Altersstufe
Klasse 8 - 9

Zielvorstellung

- Kennenlernen von grafischen Mitteln zur Gestaltung von Flächen. Hier geht es vor allem um das Erproben und Anwenden von verschiedenen Schraffuren und um die Darstellung von Raumillusion durch die Anordnung der Figuren. Durch Staffelungen und teilweise Überschneidungen/Abdeckungen sowie durch Hell-Dunkel-Abstufungen entstehen räumliche Eindrücke

Arbeitsweise

1. Kunststoffschablonen sind sofort einsetzbar. Beim Eigenbau von Schablonen die Abbildung auf dünnen Karton kleben und sorgfältig ausschneiden.
2. Auflegen der Schablone und Umfahren des Umrisses, am unteren Blattrand beginnen. Nach hinten soll es Überschneidungen/Verdeckungen geben.
3. Erproben unterschiedlicher Schraffuren auch an kleineren Formaten (ca. DIN A5).

Material/Werkzeug

1. Fertige Kunststoffschablonen und/oder aus Abbildungen selbsthergestellte Schablonen.
2. Abbildungen (z. B. Sportler, extravagante Parfümflasche/n, Apfel oder anderes Obst, Großbuchstabe/n, Tierfiguren in Profildarstellung usw.)
3. Dünner Karton/Pappe, Schere, Klebstoff.
4. Zeichenpapier DIN A4 - 5 (nach Schablonengröße), weiß oder getönt, Radiergummi.
5. Zeichenstift (weicher Bleistift, Buntstift, Kugelschreiber oder Tusche und Feder).

Zeitaufwand
Mindestens eine Unterrichtsstunde für Versuche auf kleinen Formaten.

Fritz Martinez, Katastrophen

ANWENDEN VON SCHRAFFUREN

Altersstufe
Klasse 7 - 9

Zielvorstellung
- Nachdem unterschiedliche Schraffuren zur Gestaltung einer Fläche erprobt wurden, sollen sie nun gezielt zur Darstellung von Körper- und Raumillusionen eingesetzt werden
- Durch unterschiedliche Helligkeiten der einzelnen Flächen sollen räumliche und körperhafte Wirkungen erarbeitet werden

Material/Werkzeug
1. DIN-A4-Papier weiß oder getönt, kopierte Bildvorlagen.
2. Zeichenstift (weicher Bleistift, schwarzer Holzfarbstift, Kugelschreiber oder Tusche und Feder).

Zeitaufwand
Mindestens eine Unterrichtsstunde.

Kopiervorlage
siehe Anhang
Seite 88

Arbeitsweise
1. Auswahl einer Kopiervorlage oder Anlegen einer eigenen Zeichnung. Diese sollte aus möglichst einfachen Formen aufgebaut werden. Um vielfältige Überschneidungen zu erhalten am unteren Bildrand beginnen.
2. Die Schraffuren erfolgen motivabhängig. Im Vordergrund können eher helle Flächen schraffiert werden, die nach hinten immer dunkler werden (oder umgekehrt).

Gurij Zacharow, Die Straßen

3. Weitere Ausgestaltung noch freier Flächen beziehungsweise stellenweise Überarbeitung bereits schraffierter Flächen (Licht, Schatten, Vertiefungen, Erhöhungen usw.).

Variationen
- Unterschiedliche Kopiervorlagen ermöglichen den Schülerinnen und Schülern eine motivorientierte Auswahl und den sofortigen Einstieg in die bildnerische Aufgabenstellung.
- Bei freier Zeichnung können Motive vorgegeben werden: antikes Trümmerfeld, aufgetürmtes Treibeis, Bausteine, Schrotthaufen usw.
- Als Arbeitsgrundlage können auch große Illustriertenfotos ausgeschnitten und bearbeitet werden.
- Durch Auflage eines Transparentpapiers können auch Fotos oder Kunstbeispiele überarbeitet werden. Das Original wird dann zusammen mit dem überzeichneten Transparentpapier kopiert.

GEFLECHTE - FLECHTWERKE

Altersstufe
Klasse 7 - 10

Zielvorstellung
- Sichten und Beschreiben des Aufbaus von Geflechten unterschiedlicher Art
- Entwürfe eigener Geflechte
- Durch Hell-Dunkel-Modellierungen zusätzlich eine körperhaft-räumliche Wirkung erzielen

Material/Werkzeug
1. DIN-A3 oder A4-Papier weiß oder getönt.
2. Weicher Bleistift, Buntstifte oder Kugelschreiber, Radiergummi.
3. Eventuell auch Wasserfarben und Haarpinsel für die Gestaltung des Grundes.

Zeitaufwand
Mindestens 60 Minuten.

Arbeitsweise
1. Die Schülerinnen und Schüler sichten und beschreiben den Aufbau anhand von Objekten und Abbildungen.
2. Entwerfen eines Geflechts, Skizzieren mit Bleistift.
3. Eventuell Ausradieren der Überschneidungslinien, Verstärken der sichtbaren Linien.
4. Hell-Dunkel-Modellierung an den Überschneidungsstellen.
5. Eventuell Gestaltung des Bildgrundes.

Variationen
Innerhalb der Zeichenaufgabe gibt es vielfältige Variationen: unterschiedliche Flechtmaterialien, unterschiedliche Breiten und Längen, unterschiedliche Lagen/ Flechtrichtungen (senkrecht, waagerecht oder diagonal), vollständige und teilweise zerstörte Flechtwerke.

ZEICHNEN NACH VORLAGEN

Altersstufe
Klasse 7 - 10

Zielvorstellung
- Für viele Schüler dieser Altersstufe sind Anhaltspunkte und Vorgaben wichtig. Bei dieser Arbeit werden konkrete Vorlagen genutzt. Sie dienen als Motiv und Orientierungshilfe zum ständigen Nachgucken und Vergleichen

Material/Werkzeug
1. Zeichenblock oder Papier DIN A3 - 4, weiß oder getönt.
2. Zeichenstifte (die Wahl der Zeichenstifte kann sich an der Vorlage orientieren: weicher Bleistift, dünner Wachsstift, Holzfarbstift usw.).

Zeitaufwand
Mindestens 60 Minuten.

Arbeitsweise
1. Auswahl oder Vorgabe eines Objekts (Rindenstück, Seilstück, Schneckenhaus, Ast, Gefäß, Puppe, Schachtel, Werkzeug, Maiskolben usw.).
2. Zeichnerische Ausführung unter Berücksichtigung selbstgewählter Positionen, Ausschnitte, vorgegebener Strukturen sowie Licht und Schatten.

Variationen
- Neben konkreten Objekten aus Natur und Umwelt sind auch Bildvorlagen denkbar. Sie eignen sich besonders als Einstiegsmöglichkeit.
  Die Übertragungstechniken reichen vom Durchpausen der Umrisse (am Fenster oder mit Pauspapier) bis hin zum freien Abzeichnen einer Vorlage (Zeichnung, Foto).
- Bei einigen Themenbereichen ist auch der Einsatz einer Kopiervorlage möglich, die dann mit eigenen Zeichnungen ergänzt beziehungsweise erweitert wird.

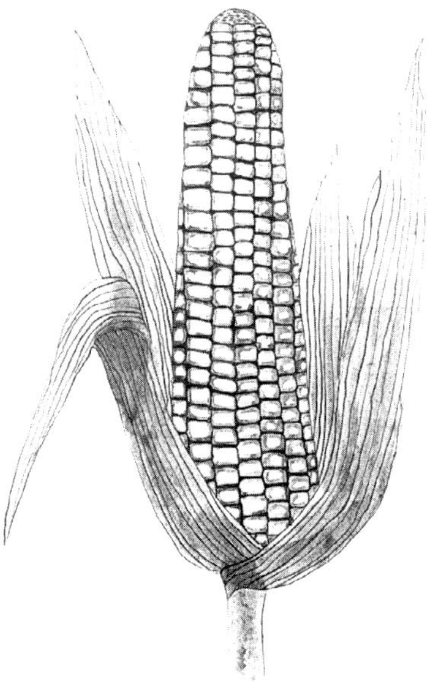

UNTER DER LUPE/DEM MIKROSKOP

Altersstufe
Klasse 7 - 10

Zielvorstellung

- Darstellen von biologischen Formen und Figuren mit Hilfe von selbst ausgesuchten Vorbildern
- Die Vorlagen werden als Ganzes oder in Ausschnitten übernommen. Die Zeichnung kann durch Schraffuren und Hell-Dunkel-Modellierungen zusätzlich eine räumliche Wirkung erhalten

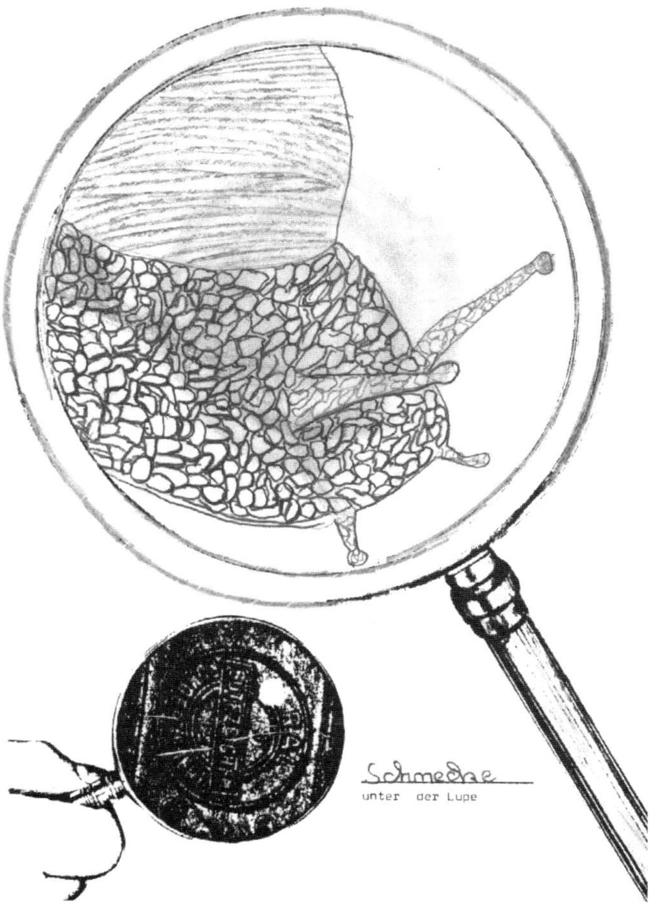

Material/Werkzeug

1. Zeichenblock DIN A4 oder Kopiervorlage weiß oder getönt. Auch dunkles Tonpapier ist möglich.
2. Biologiebücher mit geeigneten mikroskopischen Aufnahmen und Abbildungen.
3. Zeichenstifte (weicher Bleistift, Buntstift, Tusche und Feder, schwarzer Kugelschreiber). Für dunkles Tonpapier eignet sich ein weißer oder pastellfarbener Buntstift.
Eventuell Radiergummi.

Zeitaufwand
Mindestens 60 Minuten.

Arbeitsweise

1. Sichten unterschiedlicher Motive. Da es einfachere und kompliziertere Darstellungen gibt, kann das Anspruchsniveau weitgehend selbst bestimmt werden.
2. Ausgangspunkt ist die gewählte Abbildung, die zunächst skizziert wird.
3. Ausdifferenzierung der Formen oder Figuren ebenfalls mit Bleistift oder anderen Zeichenstiften.
4. Sind alle Teile gezeichnet, können zusätzlich Hell-Dunkel-Modellierungen vorgenommen und der Grund dunkel (bei dunklem Tonpapier hell) gestaltet werden.

- Bei der Verwendung von Tusche ergeben sich durch angefeuchtetes Papier verschwommene Strich- und Farbverläufe. Dadurch können auch optisch scharfe und unscharfe Einstellungen eines Mikroskops visualisiert werden.
- „Innen scharf einstellen - nach außen verschwommen" kann als anspruchsvolle Aufgabe gestellt werden.
- Eine weitere Gestaltungsmöglichkeit besteht darin, erst farbige Flächen und Strukturen anzulegen und diese dann mit grafischen Mitteln nachzubearbeiten.

Variationen

- Neben unterschiedlichen Zeichenstiften und Papieren kann zusätzlich eine lasierende (durchscheinende) Überarbeitung mit Wasserfarben vorgenommen werden.

Kopiervorlage
siehe Anhang
Seite 89

MEINE SCHMUCKINITIALEN

Altersstufe
Klasse 8 - 10

Zielvorstellung
- Mit den eigenen Anfangsbuchstaben ein Schmuckblatt entwickeln, das in unterschiedlichen Größen für unterschiedliche Zwecke verwendet werden kann

Material/Werkzeug
1. Papier im Format DIN A5 bis DIN A3.
2. Bleistift, Radiergummi.
3. Schwarzer Filzstift, Feder und Tusche, Füller oder Kugelschreiber, schwarze Flüssigfarbe/Tusche und feiner Pinsel zum Ausmalen größerer Flächen.
4. Bildvorlagen historischer und moderner Initialen.
5. Eventuell Kopierer zum Verkleinern/Vergrößern.

Zeitaufwand
Mindestens zwei Unterrichtsstunden.

Arbeitsweise
1. Skizzieren der beiden Anfangsbuchstaben und der wichtigsten auszuschmückenden Teile. Die Buchstaben müssen sich teilweise überschneiden.
2. Umfahren der wichtigsten Umrisslinien mit schwarzem Zeichenstift.
3. Zeichnen der Schmuckformen (Muster, Ornamente, Liniengefüge, Blüten, Blätter, Rankwerk und ähnliches). Beachten der Überschneidungen von Buchstabenform mit dem Schmuckmuster!
4. Ausfüllen größerer Flächen mit schwarzer flüssiger Farbe. Auf Überschneidungen (Schwarz-Weiß-Kontraste) achten!

Initiale „E“, 15. Jhd.

Variationen
- Neben freier Gestaltung können auch motivisch orientierte Aufgaben gestellt werden: Meine Initialen werden eingesponnen, meine Initialen werden von Rosenzweigen überwuchert, aus meinen Initialen wachsen Blumen und Gräser usw.
- Moderne Varianten (Logos, Signets) sollten mit dem PC erprobt werden. Sie können anschließend zeichnerisch von Hand oder mit entsprechenden Zeichenprogrammen ausdifferenziert werden.

BUNTES SCHRIFTMIXBILD

Altersstufe
Klasse 7 - 10

Zielvorstellung

- Verschiedene farbige Schriften aus der Werbung zu einem bunten Schriftmix zusammenstellen
- Einzelne Buchstaben bzw. Teile einzelner Buchstaben durch Farblinien und Farbflächen erweitern, fortführen und mit anderen Buchstaben oder farbigen Flächen verbinden

Material/Werkzeug

1. Werbeseiten mit farbigen Schriften aus Illustrierten und Prospekten.
2. Schere, Klebstoff.
3. Zeichenblock DIN A4 bis DIN A3.
4. Farbige Filzstifte, eventuell Wasserfarben, Deckweiß, dünner Haarpinsel.

Zeitaufwand
Mindestens zwei Unterrichtsstunden.

Arbeitsweise

1. Einige größere Werbetextbeispiele/ Produktnamen o. ä. ausschneiden.
2. Individuelles Anordnen und Aufkleben der Schriften. Die Anordnungen können mit kleineren und größeren Abständen, unterschiedlichen Lagen, Richtungen erfolgen.
3. Verbinden einzelner Buchstaben eines Wortes mit Buchstaben eines andereren Wortes mit Filzstiften.
4. Größere Farbflächen können durch Nachmischen von einzelnen Buchstabenfarben oder Farben des Schriftgrundes gestaltet werden: Erweitern, Verändern, Fortführen von Farbflächen. Es soll ein buntes, jedoch beziehungsreiches Farb- und Formschriftbild entstehen.

Variationen
Neben dieser ausdifferenzierten Collage- und Zeichenarbeit kann auch eine sogenannte Decollage hergestellt werden. Dabei werden möglichst bunte Werbebeispiele ausgeschnitten und formatfüllend, ohne Zwischenräume z. B. auf eine DIN-A3-Pappe aufgeklebt. Die Bildteile können sich teilweise überschneiden. Über das fertige Klebebild zusätzlich ein bis zwei Schichten weitere Werbebeispiele kleben. Anschließend reißt, kratzt oder schabt man Teile der oberen Bildschicht(en) z. B. mit Hilfe einer Schere ab. Es entsteht der Eindruck einer alten, verwitterten, abgerissenen Plakatwand.

DAS GESCHRIEBENE NICHTS

Altersstufe
Klasse 7 - 10

Zeitaufwand
Mindestens 20 Minuten für kleinere, eher experimentelle Arbeiten.

Zielvorstellung

- Gestalten eines Bildes mit geschriebenen Wörtern. Mit einem vorgegebenen oder selbst gewählten Wort unterschiedliche Schriftgrößen, Anordnungen, Schreibrichtungen erproben

Material/Werkzeug

1. Papier DIN A5 bis DIN A4, weiß oder getönt.
2. Füller, Kugelschreiber oder Filzstift. Es sind auch farbige Filzstifte möglich.

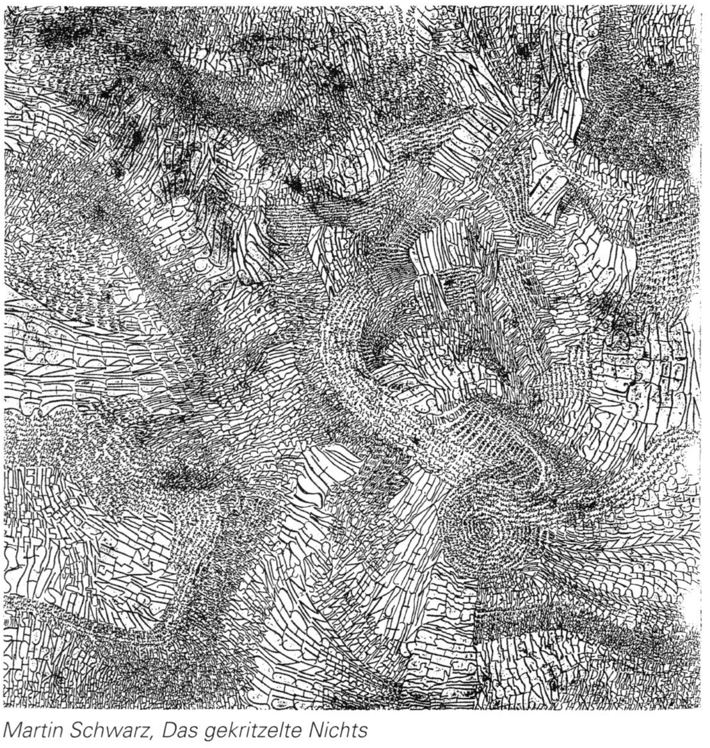

Martin Schwarz, Das gekritzelte Nichts

Arbeitsweise

1. Auswahl eines Wortes.
2. Durch mehrfaches Schreiben des Wortes, durch Verändern der Schreibrichtung, der Buchstabengröße und eventuell der Schriftart entstehen erste Wortbilder, die zu weiteren Assoziationen und Ausführungen anregen sollten.
3. Das Blatt kann vollständig mit Wörtern gefüllt sein aber auch beabsichtigte Freiräume aufweisen.

Variationen

- Ein geschriebenes Bild.
  Dabei werden die sichtbaren Gegenstände nicht gemalt oder gezeichnet, sondern geschrieben.
- Druckbuchstaben statt Schreibschrift verwenden.
- Druckbuchstaben oder Wörter durch Linien miteinander verbinden und neue Zusammenhänge schaffen.
- Arbeit mit dem PC durch Kopieren und Einfügen in Ahnlehnung an Beispielen der Konkreten Poesie.
- Arbeit mit Lettern (Schuldruckerei).

WAS ICH IM KOPF HABE

Altersstufe
Klasse 7 - 10

Zielvorstellung

- Schüler und Schülerinnen haben verschiedene Interessen, ihnen gehen unterschiedliche Dinge durch den Kopf. Sie sollen sich ein Bild von sich selbst machen, indem sie ausgesuchtes Bildmaterial auf eine bestimmte Bildaussage hin collagieren

Material/Werkzeug

1. Zeichenblock, Pappe oder Tonpapier ca. DIN-A3-Format.
2. Zeichenstift (Farbstifte, Filzstifte, Öl-, Wachskreiden).
3. Zeitungs- und Illustriertenausschnitte, Schere, Klebstoff/ Klebestift.
4. Wasserfarben, Borstenpinsel.

Zeitaufwand
Mindestens zwei Unterrichtsstunden.

Arbeitsweise

1. Zunächst in Partnerarbeit eine Umrisszeichnung des eigenen Kopfes im Profil erstellen. Dazu wird der Kopf seitlich auf die Zeichenfläche gelegt und vom Partner/von der Partnerin umfahren.
2. In den Kopf werden die persönlich wichtigen Dinge hineingeklebt oder -gezeichnet.
3. Die Umgebung des Kopfes schwarz oder farbig bemalen.

Variationen

- Das auf Arcimboldo zurückgehende Gestaltungsprinzip wurde und wird in Kunst, Karikatur, Politik und Werbung angewandt.
- Gestalterische Variationen ergeben sich hauptsächlich durch die inhaltlich unterschiedlichen Bildteile, deren Anordnungen sowie durch die Verwendung schwarz-weißer und/oder farbiger Elemente.
- Auch der Bildgrund kann unterschiedlich ausgestaltet werden.
- Neben Köpfen können nicht nur andere Körperteile sondern auch Menschen, Tiere und Kunstfiguren nach diesem Prinzip ausgestaltet werden.

Guiseppe Arcimboldo, Der Sommer, 1563

TOTAL VERRÜCKTER KOPFSCHMUCK

Altersstufe
Klasse 7 - 8

Zielvorstellung
- Kennenlernen und Erproben unterschiedlicher grafischer Muster und Strukturen sowie ihrer Verwendungsmöglichkeiten zur differenzierten Ausgestaltung einer Figur

Material/Werkzeug
1. Kopiervorlage auf weißem oder getöntem Papier.
2. Schwarzer Filzstift, Füller oder Kugelschreiber, eventuell auch Tusche und Feder.
3. Bleistift, Radiergummi.
4. Bildbeispiele aus dem Kunst- und Designbereich (Niki de St. Phalle, Simon Dittrich u. a.).

Zeitaufwand
Mindestens zwei Unterrichtsstunden.

Arbeitsweise
1. In Abbildungen (Kopiervorlagen, Kunstdrucken, Folien usw.) Flächengliederungen erkennen und eventuell erproben (Mustersammlung).
2. Die Kopiervorlage nach eigenen Vorstellungen möglichst fantasievoll erweitern. Entwurf mit Bleistift.
3. Die Formen in unterschiedlich große Flächen einteilen und diese mit unterschiedlichen Mustern (Texturen, Strukturen) mit unterschiedlichen Hell-Dunkel-Werten füllen.

Variationen
Es können zum Beispiel von Dittrich-Grafiken sehr unterschiedliche Kopiervorlagen erstellt werden (Friedrich der Große, J. S. Bach, Traumschiff, Traumlandschaft, Indianer, Gaukler und Puppenspieler, verschiedene Berufe, Tiere u. a.).

Kopiervorlage
siehe Anhang
Seite 90

MEINE HAND

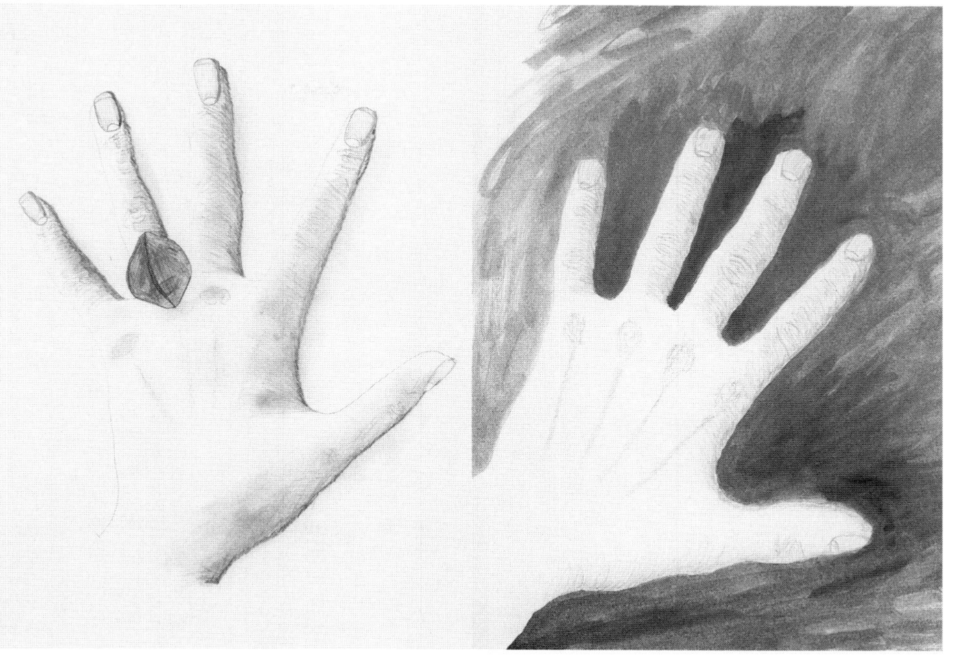

Altersstufe
Klasse 7 - 10

Zielvorstellung
- Die Schülerinnen und Schülern sollen die eigene Hand genau wahrnehmen und abzeichnen
- Durch Hell-Dunkel-Modellierungen soll eine körperhafte Wirkung erzielt werden

Material/Werkzeug
1. Weißes oder getöntes Papier.
2. Weicher Bleistift, Radiergummi.
3. Für die zusätzliche Ausstattung Collageteile, Klebstoff, Schere, eventuell auch Wasserfarben und Haarpinsel.

Zeitaufwand
Mindestens 60 Minuten.

Arbeitsweise
1. Auflegen einer Hand mit leicht gespreizten Fingern und Umfahren der Hand als Umrisszeichnung.
2. Genaues Einzeichnen der Fingernägel, Hautfältchen, Adern, Fingerringe, Uhr.
3. Hell-Dunkel-Modellierung der Finger und des Handrückens durch Schraffieren. Es können verschiedene Schraffurmöglichkeiten angewandt werden.

Variationen
- Die fertig gezeichnete Hand kann zusätzlich mit kleinen alltäglichen Gegenständen ausgestattet werden. Diese können gezeichnet und/oder collagiert werden.
- Es ist auch möglich, eine zweite Hand in einer ähnlichen oder völlig anderen Position dazuzuzeichnen. Dabei müssen Überschneidungen berücksichtigt werden.
- Auch die ein- oder mehrfarbige Ausgestaltung des Bildgrundes mit Wasserfarben und Haarpinsel ist denkbar.

ALTER MANN MIT ...

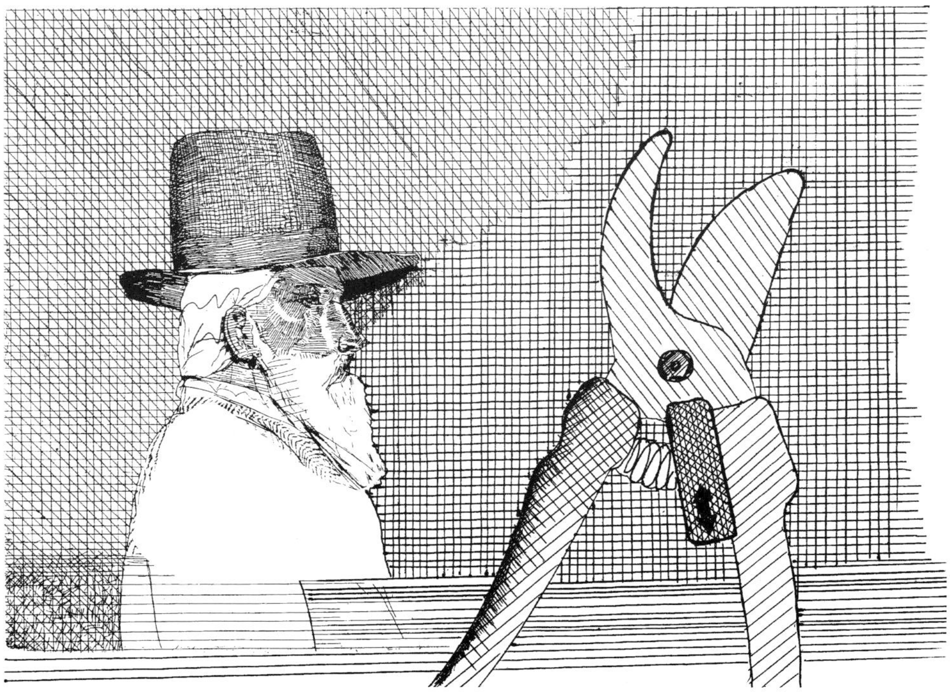

Altersstufe
Klasse 7 - 9

Zielvorstellung
- Bildgestaltung mit exakt gezogenen Schraffuren
  Die unterschiedlichen Strukturen sollen einen Bildgegenstand kennzeichnen und einzelne Bildteile voneinander abheben

Material/Werkzeug
1. DIN-A4-Papier weiß oder getönt oder kopierte Bildvorlage/n.
2. Weicher Bleistift zum Vorzeichnen der Umrisse.
3. Schwarzer Kugelschreiber oder Fineliner für die Schraffuren.
4. Lineal, Geodreieck.

Zeitaufwand
Mindestens 60 Minuten.

Arbeitsweise
1. Anlegen einer eigenen Zeichnung oder Auswahl und Ergänzung einer Kopiervorlage. Die Zeichnung sollte auf einfache Formen begrenzt werden. Als Hilfsmittel können Gegenstände aufgelegt und umfahren werden.
2. Die Schraffuren erfolgen exakt mit Lineal durch Parallelverschiebung.

Pat Andrea, Der Herr und sein Hund

3. Durch Richtungsänderung, Verdichtung, Überlagerung usw. können einzelne Bildteile voneinander deutlich abgegrenzt werden.

Variationen
- Gestalten von Gegensätzen (z. B. aus Natur und Technik) durch freies Schraffieren und exakt gezogene Linienschraffuren.
- Statt mit der Hand können auch unterschiedliche Schraffuren mit dem PC hergestellt werden. Aus den gedruckten Flächen werden Bildteile nach Vorzeichnung ausgeschnitten und zu einem Schraffuren- bzw. Rasterflächenbild zusammengestellt.

Kopiervorlage
Siehe Anhang Seite 91

TENNIS- UND ANDERE BÄLLE

Altersstufe
Klasse 7 - 10

Zeitaufwand
Mindestens 60 Minuten.

Zielvorstellung

- Nach eigenen Vorstellungen eine Ansammlung von Bällen skizzieren
- Durch Hell-Dunkel-Modellierungen eine körperhafte Wirkung erzielen
- Anwenden bekannter und neuer Schraffurmöglichkeiten

Material/Werkzeug

1. Weißes oder getöntes Papier.
2. Weicher Bleistift oder Kugelschreiber, Radiergummi.
3. Kreisschablone (Papprollenabschnitt, Restrolle von Klebebändern, kleiner Teller u. Ä.).

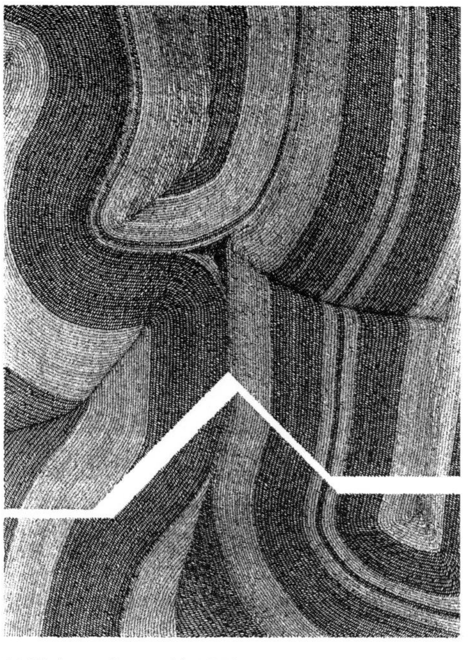

V. Richter, Sespo V, 1979

Arbeitsweise

1. Entwerfen einer Anordnung, einer Situation mit oder ohne Überschneidungen.
2. Ausradieren der Überschneidungslinien, Verstärken der sichtbaren Linien.
3. Erproben neuer Schraffuren (Aneinanderreihung von vielen kleinen Schreibschriftbuchstaben z. B. e, l, s und Achtern.
4. Hell-Dunkel-Modellierung durch Verdichtung und Vereinzeln der Schraffurelemente.
5. Eventuell Gestaltung des Bildgrundes/ Hintergrundes.

Variationen

- Statt Bällen können auch Sofakissen, Äpfel, gehäkelte Toilettenpapierüberzüge, Trauben, Negerküsse, Riesenbratwürste usw. in der neuen Art schraffiert werden.
- Auch die Überarbeitung von vorgegebenen oder selbst hergestellten Computergrafiken ist möglich.

UNGEWÖHNLICHE LANDSCHAFTEN

Altersstufe
Klasse 7 - 8

Zielvorstellung
- Farben sollen zur Darstellung von individuellen Farbwirkungen und Farbstimmungen eingesetzt werden. Räumlichkeit und Körperlichkeit können ansatzweise durch abgestufte Farbgebung, durch Aufhellen und/oder Trüben und durch unterschiedliche Farbsättigung erreicht werden.

Material/Werkzeug
1. Zeichenblock DIN A3, alternativ Kopiervorlagen.
2. Grafische Bildvorlagen z. B aus Schnippelbüchern, Biologiebüchern usw. oder fertige Kopiervorlage/n, Schere, Klebstoff.
3. Wasserfarben, Borstenpinsel, eventuell Deckweiß und feiner Haarpinsel.
4. Ungewöhnliche Landschaftsdarstellungen (z. B. Bilder von Max Ernst, Salvator Dali u.a.)

Zeitaufwand
Bei Nutzung von Kopiervorlagen mindestens ein bis zwei Unterrichtsstunden. Für die Herstellung einer grafischer Vorlage mindestens eine Unterrichtsstunde.

Arbeitsweise
1. Eventuell Bildbetrachtung von ungewöhnlichen Landschaften.
2. Herstellen einer eigenen fantastischen Vorlage aus grafischen Bildteilen oder Auswahl bzw. Vorgabe einer Kopiervorlage, die noch grafisch ergänzt werden kann.
3. Bemalen der Vorlage mit unterschiedlichen Farben. Körperlichkeit und Räumlichkeit werden durch Aufhellen und Trüben sowie durch unterschiedliche Farbsättigung erreicht. Dabei sollen unterschiedliche Farbstimmungen (heiter, freundlich, bedrückend, unheimlich, fantastisch usw.) erreicht werden.

Variationen
Landschaften können unterschiedlich aufgebaut und mit ungewöhnlichen Objekten (große Blumen, Gemüse, typische Computergrafiken usw.) ausgestattet werden

Kopiervorlage
Siehe Anhang
Seite 92

HANDSCHRIFTBILDER

Altersstufe
Klasse 7 - 10

Zielvorstellung
- Ein „Wortbild“ herstellen, indem möglichst großformatig auf eingefärbtes Kleisterpapier geschrieben wird. Dabei sollte eine überdimensionale Handschrift eingesetzt werden
- Die Wortbedeutung durch entsprechende Farbwahl verstärken

Material/Werkzeug
1. Tapetenstücke (Restrollen) oder andere großformatige, feste „Schreibgrundlagen“.
2. Kleister, großer Malerpinsel oder Hände.
3. Dispersions- oder Temperafarben.
4. Finger oder kleine Pappstreifen.

Zeitaufwand
Mindestens 30 Minuten.

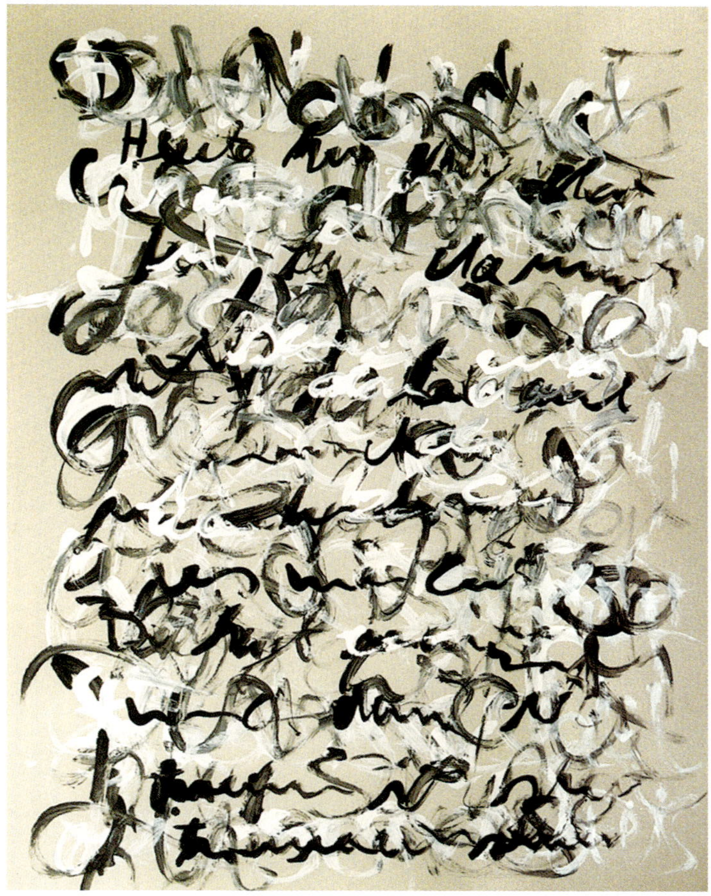

Arbeitsweise
1. Individuelle Wortwahl oder verbindliche Vorgaben.
2. Wortbedeutung und Farbwahl erörtern.
3. Gemäßigtes Einkleistern der Schreibfläche und Aufbringen der Flüssigfarbe.
4. Mehrmaliges Schreiben des/der gewünschten Begriffe/s in der eigenen Handschrift. Die Anordnungen der Wörter können variieren. Es kann auch in unterschiedlichen Größen geschrieben werden. Schriften können sich überlagern, Korrekturen sind möglich.

Variationen
- Auf das eingekleisterte Papier können vor- oder nachher zusätzlich bunte Collageteile im Wort- oder Bildsinne aufgeklebt werden.
- Statt eingekleistertem Papier können auch großformatige (ca. DIN A2) Tonpapiere, Borstenpinsel und Farben verwendet werden. Ein kleiner Text oder aneinander gereihte Fantasiewörter werden zunächst in einer Farbe und mit großzügiger Pinselführung in Autogrammschrift, Doktorschrift (o. a. Begriff für fast unleserlicher Handschrift) auf das Blatt geschrieben. Danach wird der geschriebene Text nochmals mit einer anderen Farbe überschrieben. Stellenweise könnte auch noch eine dritte oder vierte Überschreibung stattfinden. Durch unterschiedliche Farben entstehen verschiedene Bildwirkungen und „Lesemöglichkeiten“.

FARBABZUGSVERFAHREN - DECALCOMANIE

Altersstufe
Klasse 7 - 10

Zielvorstellung
- Kennenlernen eines Zufallsverfahrens
- Herstellen von schlierenartigen Farbgebilden mittels Farbabzugsverfahren (Decalcomanie). Die Farbgebilde dienen als Ausgangspunkte für weitere Gestaltungsaufgaben

Material/Werkzeug
1. Glasplatte, Kunststoffplatte oder starke Folie.
2. Wasserfarben, großer Haarpinsel.
3. DIN-A4-Papier (feste Schreibmaschinenpapiere und andere nicht stark saugende Papiere, Papiere mit glänzender Oberfläche).

Zeitaufwand
Für einen Abzug maximal 5 Minuten.

Arbeitsweise
1. Viel Farbe mit dem Pinsel aufnehmen und diese auf die Platte/Folie auftragen (malen, Pinsel abstreifen, auftropfen).
2. Diesen Vorgang mit einer weiteren oder auch mehreren Farben wiederholen. Es sollte immer eine möglichst dunkle Farbe oder Schwarz dabei sein.
3. Ist genügend Farbe auf der Platte, die Farben gegebenenfalls mit Pinsel oder Pinselstiel etwas verziehen.
4. Blatt auflegen, mit der Handfläche etwas andrücken und dann nach oben abziehen (Farbabzugsverfahren).
5. Der Vorgang des Abziehens kann mehrmals wiederholt werden.
6. Für nachfolgende Aufgaben eine größere Auswahl unterschiedlicher Abzüge herstellen.

Variationen
- Statt Wasserfarben können auch andere Flüssigfarben, statt weißem Papier auch getöntes Papier verwendet werden.
- Ein bereits fertiger, getrockneter Abzug kann nochmals überarbeitet werden.
- Besonders gelungene Farbgebilde können ausschnitthaft für dekorative Gestaltungen eingesetzt werden.

FANTASTISCHE HÖHLENWELT

Altersstufe
Klasse 7 - 10

Zielvorstellung

- Mit Hilfe vorgefertigter Farbabzüge (siehe Seite 28) soll eine fantastische Höhlenwelt collagiert und gegebenenfalls zusätzlich gemalt werden
- Emotionale Wirkungen der Farbkonstellationen und Farbkontraste werden situationsgemäß eingesetzt

Material/Werkzeug

1. Zeichenblock DIN A3 oder Tonpapier.
2. Vorgefertigte Blätter mit Farbabzügen.
3. Schere, Klebstoff, Klebestift.
4. Eventuell Wasserfarben, Haar- und Borstenpinsel.

Zeitaufwand
Mindestens eine Unterrichtsstunde.

Max Ernst, Totem und Tabu

Arbeitsweise

1. Zu Beginn möglichst große tropfsteinartige oder ähnliche Bildteile ausschneiden, der Farbigkeit und der Größe nach sortieren/zurechtlegen.
2. Einige Bildteile probeweise anordnen. In der Bildmitte sollte eine etwa handgroße Fläche frei bleiben.
3. Von der Bildmitte aus werden zunächst die kleinen Bildteile (nach oben oder unten orientiert) aufgeklebt.
4. Es folgen die größeren Teile, welche die kleineren Teile teilweise verdecken.
5. Über die Bildränder hinausragende Teile werden abgeschnitten.
6. Es können zusätzlich stellenweise Übermalungen (Aufhellen, Abdunkeln u. Ä.) erfolgen.

Variationen

- Thematische Varianten sind zum Beispiel fantastische Unterwasserwelt, fantastische Felsenlandschaft mit Bergsee.
- Anstelle von Ausschneiden einzelner Bildteile und anschließendem Collagieren kann auch assoziativ direkt auf ein Farbabzugsbild gemalt werden.

MACH WAS DRAUS!

Altersstufe

Klasse 7 - 10

Zielvorstellung

- Kreatives Einbinden von Vorlagen in Malaufgaben
- Individuelle Ideen und assoziative Umsetzungen sind hier gefragt

Material/Werkzeug

1. Bildprospekte und Kataloge verschiedenster Art.
Sie sollten sich für alle Fälle einen Fundus unterschiedlichster Bildprospekte zulegen.
2. Schere, Klebstoff.
3. Wasser- oder Flüssigfarben, Haarpinsel, Borstenpinsel, eventuell dünne und dicke Zeichenstifte.
4. DIN-A4- bis DIN-A3-Schreibmaschinenpapier weiß und farbig, Tonpapier oder Zeichenblock.

Zeitaufwand

Hängt sehr stark von der Bildidee und der bildnerischen Umsetzung ab. Mindestens 20 Minuten, maximal 90 Minuten.

Arbeitsweise

1. Sichten und Auswahl des Ausgangsmaterials bei zeitlicher Beschränkung (maximal 5 Minuten).
2. Ideen für die Umsetzungsmöglichkeiten entwickeln.
3. Sich für eine Möglichkeit entscheiden und diese mit geeigneten bildnerischen Techniken umsetzen.

Variationen

Jeden Tag flattern gewollt oder ungewollt alle möglichen Farbprospekte oder Kataloge ins Haus und in die Schule. Zum Wegwerfen oft zu schade, denn damit kann man vieles machen: Collagieren, Teile ausschneiden und etwas dazumalen, teilweise übermalen, mit Farbpapieren ergänzen usw.

Kraftfahrer müssen den Zusammenhang zwischen Geschwindigkeit und Anhalteweg erkennen

Nicht angepaßte Geschwindigkeit, gemeint ist damit zu hohe Geschwindigkeit, ist immer noch die Unfallursache Nummer Eins. Zu „sportliches" Fahren, vermeintlicher Zeitgewinn oder einfach Unachtsamkeit können die Gründe für zu schnelles Fahren sein.

Darin steckt für alle Kraftfahrer eine große Gefahr. Der fahrphysikalische Zusammenhang zwischen Geschwindigkeit und Anhalteweg (Reaktionsweg + Bremsweg = Anhalteweg) macht das deutlich.

Nehmen wir einmal an, Sie fahren mit der innerorts zulässigen Höchstgeschwindigkeit von 50 km/h. Sie bemerken, daß ca. 30 m vor Ihnen ein Fußgänger die Fahrbahn betritt, Sie müssen deshalb anhalten. Sie bremsen. Die Reaktionszeit beträgt ca. 1 Sekunde. So lange braucht der Mensch, um ein Hindernis zu erkennen und darauf zu reagieren. Ihr Fahrzeug fährt so lange ungebremst, das sind in unserem Beispiel ca. 14 m (Reaktionsweg). Erst dann bremst das Fahrzeug und kommt nach weiteren ca. 13 m (Bremsweg), also nach insgesamt 27 m (Anhalteweg), zum Stillstand. In unserem Beispiel wäre es noch einmal gut gegangen. Bei einer Geschwindigkeit von 60 km/h hätten Sie Ihr Fahrzeug erst nach ca. 35 m, und damit nicht mehr rechtzeitig vor dem Fußgänger zum Halten gebracht.

Damit kommen wir zu der sogenannten Rest- oder Aufprallgeschwindigkeit. Die Aufprallgeschwindigkeit – und das ist wenigen Menschen bekannt – nimmt gewaltig zu, sobald man nur wenige km/h schneller fährt. Die Grafik in diesem Faltblatt zeigt, wie die Aufprallgeschwindigkeit mit zunehmender Geschwindigkeit steigt. Und was das für einen Fußgänger bedeuten kann, sieht man in der Tabelle.

Zebrastreifen werden sicherer, wenn Sie rechtzeitig die Geschwindigkeit verringern und bremsbereit sind.

Überlebenswahrscheinlichkeit von Fußgängern bei einem Verkehrsunfall

Aufprallgeschwindigkeit	
bis 20 km/h	91,5 %
bis 40 km/h	64,9 %
bis 60 km/h	28,7 %
bis 80 km/h	7,4 %

Angenommen, man würde mit 60 km/h fahren und mit einem Fußgänger kollidieren, hieße das: Aufprallgeschwindigkeit ca. 40 km/h. Und das hätte zur Folge, daß nur zwei von drei Fußgängern die Chance hätten, schwer verletzt zu überleben.

GESCHENK- UND TAPETENPAPIERBILDER

Altersstufe
Klasse 8 - 10

Zielvorstellung
- Herstellen einer Collage aus Papierresten. Dabei sollen Motiv- oder Mustervorgaben assoziativ weiterentwickelt, ausgewählte Farben und Farbmuster im Blick auf besonderer Farbwirkungen und Farbstimmungen eingesetzt werden

Material/Werkzeug
1. Geschenkpapierreste und Tonpapierreste in unterschiedlichen Größen, Farben und Mustern sind geeigneter als Papiere mit gegenständlichen Motiven.
2. Schere, Klebstoff, eventuell Cutter und Lineal.
3. Tonpapier DIN A3 bis DIN A4 als Bildträger.
4. Eventuell Bildvorlagen, Kugelschreiber und Pauspapier.

Zeitaufwand
Mindestens eine Unterrichtsstunde bei DIN-A4-Format ohne aufwendiges Collagieren.

U. Orschler

Arbeitsweise
1. Sichten des Materials und Entwickeln von Bildvorstellungen.
2. Die Geschenkpapiere können geschnitten oder gerissen werden. Es können Formen frei entwickelt aber auch Bildvorlagen mit Pauspapier übertragen und ausgeschnitten werden.
3. Aufkleben der Collageteile auf den Bildgrund.

Variationen
- Kunstwerke oder Poster mit großen Farbformen können mit Hilfe von farbigen Papieren verändert bzw. neu gestaltet werden.
- Durch Strukturen und Muster können individuelle Farb-Form-Kombinationen entwickelt werden.

IN DEN MONDRIAN KOMMT LEBEN

Altersstufe
Klasse 7 - 8

Zielvorstellung

• Die SchülerInnen setzen sich mit Werken der Bildenden Kunst praktisch auseinander. Sie führen Bilder weiter, gestalten Bilder um und experimentieren mit Bildern. Auch KünstlerInnen experimentier(t)en mit Bildern anderer. Hier sollen sich die SchülerInnen mit dem ersten Konstruktivisten der abstrakten Malerei, Piet Mondrian, beschäftigen. Die Konstruktion eines Bildes wird nachvollzogen und anschließend mit „Leben" ausgestattet.

Material/Werkzeug

1. Mondrian-Kunstbücher, Kunstdrucke, Kunstpostkarten.
2. Farbige Papiere (mindestens schwarz, rot, blau und gelb), Lineal, Cutter, Pappunterlage, Schere, Klebstoff, alternativ Wasserfarben und Pinsel.
3. Bilder von Lebewesen (Menschen, Tiere, Pflanzen) aus Illustrierten, Prospekten, Kalendern und Katalogen.
4. Collagegrundlage (Tonpapier oder Malblock DIN A 4-3).

Zeitaufwand
Mindestens drei Unterrichtsstunden.

Piet Mondrian: Komposition

Arbeitsweise

1. Exemplarische Darstellung von Umsetzungsmöglichkeiten anhand von Mondrian-Bildbeispielen.
2. Herstellung einer eigenen Komposition in Anlehnung an ein Mondrian Bild bzw. verschiedene Mondrian-Bilder.
3. Ausschneiden, Arrangieren der "Lebewesen" (evtl. in einer bestimmten Situation) und Aufkleben der Teile.

TON IN TON

Altersstufe
Klasse 8 - 10

Zielvorstellung
- Kennenlernen und Ermischen einer monochromen Farbreihe durch Aufhellen und Trüben einer Ausgangsfarbe
- Gezieltes Auswählen von Collageteilen in passenden Farbtönen
- Einbetten der Collageteile durch ähnliche Farben und abgestufte Farbnuancen

Material/Werkzeug
1. Personen, Pflanzen, Tiere oder Gegenstände aus Katalogen, Prospekten und Illustrierten.
2. Schere, Klebstoff.
3. Wasserfarben, Borsten- und Haarpinsel, Deckweiß.
4. Zeichenlblock DIN A3 als Bildgrund.

Zeitaufwand
Mindestens zwei Unterrichtsstunden.

Georges Braque, Violine und Krug

Arbeitsweise
1. Sammeln und Ausschneiden von Personen und sonstigen Bildteilen in gleicher oder ähnlicher Farbgebung.
2. Anordnen und Aufkleben der Collageteile.
3. Ergänzen/Ausmalen der noch freien (weißen) Stellen mit Wasserfarben. Die Ausgangsfarbe kann mit Deckweiß aufgehellt, mit Schwarz getrübt oder mit verwandten Farben gemischt werden.

Variationen
- Neben den unterschiedlichsten Ausgangsfiguren (Menschen, Pflanzen, Tiere, Gegenstände) können auch nicht gegenständliche, eher zufällig gefundene Formen ausgeschnitten oder ausgerissen werden.
- Das Ton-in-Ton-Bild kann eventuell durch ein kleines kontrastreich eingesetztes Farbelement spannungsreich gestaltet werden.

WOLKENWUNSCHTRÄUME

Altersstufe
Klasse 7 - 9

Klaus Mayer, ohne Titel, 1960

Zielvorstellung

- Kombinieren von Malerei und Bildteilen
- Wünsche unterschiedlicher Art durch Bildausschnitte repräsentieren. Die Bildausschnitte werden in Farbwolken „verpackt" und schweben am Himmel

Material/Werkzeug

1. Zeichenblock DIN A3.
2. Kleine Bilder und Bildausschnitte aus Illustrierten, Prospekten, Katalogen, Zeitungen.
3. Schere, Klebstoff.
4. Wasserfarben, Deckweiß, Borstenpinsel.

Zeitaufwand

Mindestens 60 Minuten.

Arbeitsweise

1. Sammeln und Ausschneiden der Abbildungen mit den Wünschen/Wunschvorstellungen und Wolken.
2. Größere Abbildungen werden im unteren Blattbereich aufgeklebt. Die größten und dunkelsten Wolken sind unten. Darüber werden die Abbildungen kleiner, die Wolken heller. Sie sind auch teilweise verdeckt. Die Bilder schrittweise aufkleben und zuerst mit Wolken versehen!
3. Man kann für die Wolken unterschiedliche Farben, verwandte Farben oder nur eine Ausgangsfarbe verwenden, die dann mit Deckweiß stetig aufgehellt werden.
4. Noch freie Bildstellen können kontrastreich oder kontrastarm bemalt, die Abbildungen können lasierend übermalt werden.

Variationen

- Wolkenbilder mit unterschiedlichen Wolkenformationen ohne zusätzliche Abbildungen.
- Aus einer großen Quellwolke tritt etwas hervor. Auf einer großen Quellwolke schwebt etwas Ungewöhnliches.
- Verändern von größerformatigen wolkenlosen Landschaftsbildern (z. B. Kalenderbilder) mit aufkommenden bunten Wolkenformationen und mit Nebel.

GRISAILLEMALEREI

Altersstufe
Klasse 8 - 10

Zielvorstellung

- Eine kopierte Vorlage wird in Anlehnung an die Grisaillemalerei mit einer frei gewählten Farbe monochrom übermalt
- Die durch die Kopiervorlage vorgegebene Bildfläche mit vielfältigen Grauabstufungen wird in den entsprechenden Farbhelligkeitsstufen übermalt. Die Ausgangsfarbe wird dabei mit Deckweiß aufgehellt und mit Schwarz getrübt

Material/Werkzeug

1. Kopiervorlagen oder sonstige grafische Vorlagen circa DIN-A3-Format.
2. Wasserfarben, Deckweiß, Borstenpinsel unterschiedlicher Größe.

Zeitaufwand
Mindestens 60 Minuten für eine DIN-A3-Vorlage.

Arbeitsweise
Unter Grisaillemalerei versteht man eigentlich ein Bild, das nur in Grauabstufungen, seltener in Grün-, Blau- oder Braunabstufungen gemalt ist.
1. Auswahl einer (Kopier-)Vorlage und einer Farbe. Gelb oder andere sehr helle Farben sind nicht gut geeignet.
2. Anmalen/Übermalen der Vorlage mit einer Farbe, die aber mit Schwarz abgedunkelt/getrübt oder mit Deckweiß aufgehellt wird.
3. Bei den Hell-Dunkel-Werten der Farbe kann man sich an den Hell-Dunkel-Werten der Vorlage orientieren. Es ist empfehlenswert, zuerst alle dunklen oder alle hellen Flächen zu malen, bevor man an die anderen (Misch-)Töne geht.

Variationen
Innerhalb einer Klasse kann eine Vorlage in unterschiedlichsten Farbvariationen gestaltet werden. Die Farbwirkungen können dann gegenübergestellt und verglichen werden.

G. Köhler: Sport ist mehr

WÜSTENSZENE

Altersstufe
Klasse 7 - 10

Zielvorstellung
- Ein Ausschnitt aus einer Wüstenlandschaft wird aus mehreren Farbstreifen unterschiedlicher Farbhelligkeit gestaffelt und mit einer oder mehreren für diese Region typischen Figuren kombiniert

Material/Werkzeug
1. Zeichenblock DIN A3.
2. Wasserfarben, Deckweiß, Borstenpinsel, eventuell feiner Haarpinsel.

Zeitaufwand
Mindestens eine Unterrichtsstunde.

Arbeitsweise
1. Anlegen einer schwach oder stärker ausgeprägten hügeligen Wüstenlandschaft mit Sanddünen. Die Landschaft sollte mindestens drei Viertel der Bildfläche einnehmen.
2. Farbige Ausgestaltung der Landschaft mit Gelb-, Ocker-, Braun- und Schwarztönen, die mit Deckweiß abgemischt werden (von dunkel nach hell oder umgekehrt).
3. Farben trocknen lassen.
4. Malen einer oder mehrerer Figuren nach eigenen Vorstellungen (Kakteen, Palmen, Schädel und Knochen eines Tieres, Stück eines Bauwerks, ein defektes Fahrzeug, Flugzeugwrack usw.). Die Figuren erhalten abschließend durch das Gegenlicht der untergehenden Sonne einen stimmungsvollen Lichtkranz.

Variationen
- Grüne Hügellandschaft, Eismeerlandschaft, verschneite Bergwelt in gleicher Bildaufbautechnik.
- Statt Malerei können zusätzliche Dinge auch collagiert und eventuell durchscheinend übermalt werden.

SONNENUNTERGANG

Altersstufe
Klasse 7 - 10

Zielvorstellung
- Malen eines möglichst stimmungsvollen Sonnenuntergangs mit den dafür typischen Farbgebungen bzw. Farbkombinationen
- Dabei können deckende oder lasierende (durchscheinende) Malweisen eingesetzt werden

Material/Werkzeug
1. Zeichenblock DIN A3.
2. Wasserfarben, großer und feiner Borstenpinsel, eventuell Haarpinsel.

Zeitaufwand
Mindestens 60 Minuten.

Arbeitsweise
1. Betrachten von Sonnenuntergängen (Urlaubsfotos, Bilder aus Reiseprospekten, Poster, Kunstwerke).
2. Flächendeckendes Malen des Sonnenuntergangs. Unterschiedlichste Farben und Farbkombinationen sind möglich.
3. Landschaftsformen am unteren Bildrand können sofort integriert oder auch nachträglich darüber gemalt werden.

Variationen
In den Sonnenuntergang werden nachträglich silhouettenhafte Figuren und Gegenstände gemalt oder collagiert. Diese können sich entweder stark vom Bildgrund abheben (schwarz auf bunt) oder eher schemenhaft mit pastellartigen Farbtönen gestaltet werden.

Claude Monet, Impression

FARBTROPFMALEN

Altersstufe
Klasse 7 - 10

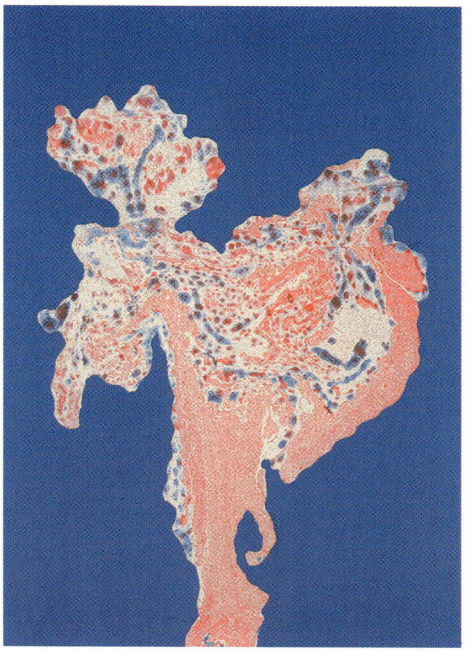

Zielvorstellung
- Erproben einer Zufallstechnik
- Herstellen von Farbgebilden, die marmorierten oder mit Hilfe der Farbabzugstechnik hergestellten Farbgebilden ähneln. Die Farbgebilde dienen als Ausgangspunkte für weitere Gestaltungsaufgaben, auch aus dem Design-Bereich

Material/Werkzeug
1. Ausgediente Gefäße in der Größe eines DIN-A4-Blattes (Schüssel, Spülwanne, Backblech u. Ä.).
2. Ölfarbenreste (Tuben), Verdünnung Terpentinersatz o. Ä., kleine Gläschen mit Deckel.
3. Größerer Haar- oder Borstenpinsel.
4. Schreibmaschinenpapiere weiß und farbig.

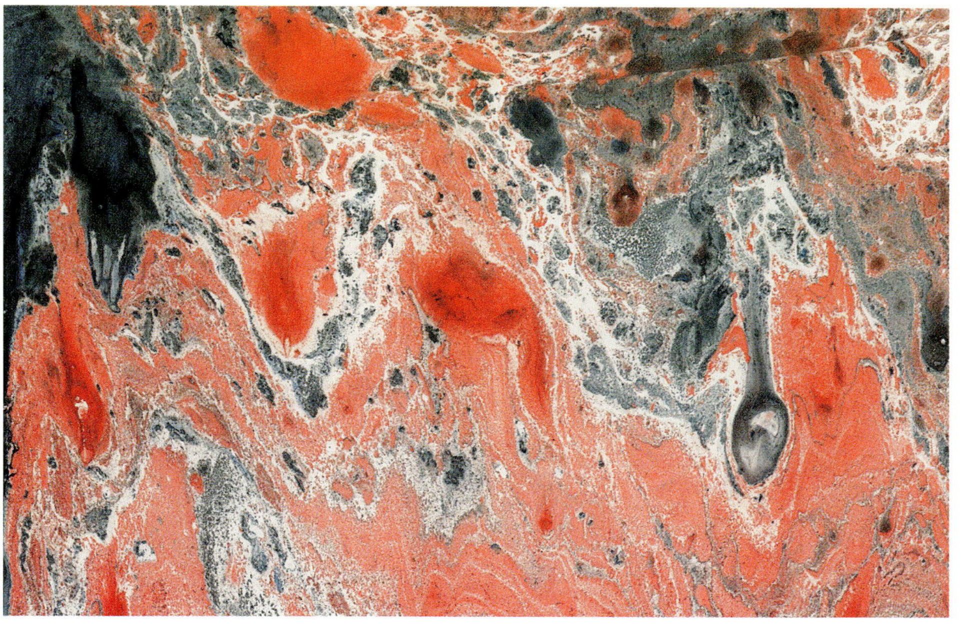

Zeitaufwand
Für ein Blatt maximal 5 Minuten.

Arbeitsweise
Möglichst im Freien oder bei geöffneten Fenstern arbeiten!
1. Ölfarbenreste, nach Farben getrennt, in mehreren Gläschen mit etwas Terpentinersatz verdünnen (flüssige Farbe).
2. Großes Gefäß einige Zentimeter hoch mit Wasser füllen.
3. Verschiedene Farben nach und nach mit dem Pinsel auf das Wasser tropfen.
4. Gegebenenfalls die Farben auf der Wasseroberfläche etwas verziehen (Stäbchen, Pinselstiel).
5. Vorsichtig ein Blatt auf die Wasseroberfläche legen, eventuell mit der Handfläche etwas andrücken und nach einer Seite hochziehen.
6. Blätter zum Trocknen auslegen.
7. Noch vorhandene Farbreste auf der Wasseroberfläche mit Zeitungspapieren o. Ä. „abschöpfen".

Variationen
Unterschiedliche Farbkonstellationen ergeben sich hauptsächlich durch die gewählten Farben/Farbkombinationen, durch unterschiedliches Auftropfen und Verziehen sowie durch den Sättigungsgrad (mehr oder weniger Verdünnung) der Farben.

FREMDER PLANET

Altersstufe
Klasse 7 - 10

Zielvorstellung
- Mit Hilfe vorgefertigter Tropfbilder (siehe Farbtropfbilder Seite 39) soll ein fantastischer Planet oder ein Teil eines fremden Planeten unter Berücksichtigung besonderer Farbstimmungen collagiert und gegebenenfalls stellenweise bemalt werden

Material/Werkzeug
1. Zeichenblock DIN A3 oder dunkles Tonpapier.
2. Vorgefertigte Tropfbilder.
3. Schere, Klebstoff/Klebestift.
4. Eventuell Wasserfarben, Deckweiß, Borstenpinsel.

Zeitaufwand
Mindestens eine Unterrichtsstunde.

Arbeitsweise
1. Ausschneiden felsen-, hügel- oder bergartiger Formen. Gezieltes Ausschneiden eigenartiger Formationen (spitz, zackig, rund, eckig usw.).
2. Probeweises Anordnen einiger Bildteile. Zum Beispiel von hell nach dunkel, von dunkel nach hell oder mit Hell-Dunkel-Kontrasten.
3. Aufkleben der Bildteile von innen nach außen bzw. von oben nach unten.
4. Abschneiden überstehender Bildteile.
5. Gezieltes Ausmalen noch freier Flächen oder Übermalen einzelner Bildteile in transparenter oder deckender Malweise.

Variationen
- Motivvarianten sind z. B. fantastische Einblicke in das Elektronenmikroskop, fantastische Höhlen- oder Unterwasserwelten.
- Collagierte Tropfbilder können durch weitere Collageteile (bunt oder einfarbig) thematisch weiter ausgestaltet werden.
- Einzelne Farbtropfbilder können auch assoziativ weitergeführt werden, in dem Teile hineingezeichnet (Filzstifte, Tusche und Feder) oder Teile bemalt bzw. übermalt werden.
- Besonders gelungene Ausschnitte können für dekorative Zwecke (Karten, Tischkarten usw.) weiterverwendet werden.

GEFÜHLE, GEFÜHLE

Altersstufe
Klasse 7 - 10

Zielvorstellung
- Farbliche Interpretation eines Gesichtsausdrucks
- Ausgewählte Gesichter sollen der sichtbaren oder der zu vermuteten Stimmung entsprechend mit farbigen Mitteln ausgedeutet werden

Material/Werkzeug
1. Farbige Bildausschnitte aus Illustrierten, Kalendern, Prospekten u. Ä. (kleine Sammlung anlegen).
2. Schere, Klebstoff.
3. Zeichenblock DIN A3.
4. Wasserfarben, Borsten- und Haarpinsel.

Zeitaufwand
Mindestens eine Unterrichtsstunde.

Pablo Picasso, Artisten

Arbeitsweise
1. Aussuchen und Ausschneiden möglichst stimmungsträchtiger, eindeutig interpretierbarer Bildausschnitte. Die Bildausschnitte sollten mindestens DIN-A5-Größe besitzen.
2. Aufkleben des Bildausschnitts an gewünschter Stelle.
3. Ausgestalten des Hintergrunds, der Umgebung. Dabei sollte möglichst die durch das Bild vermittelte Stimmung aufgegriffen und durch vielfältige Farbflächen dargestellt werden.

Variationen
- Neben Gesichtern können auch Köpfe, Personen oder Situationsdarstellungen verwendet werden.
- Bei Verwendung von Schwarz-Weiß-Abbildungen können die Collageteile auch durchscheinend übermalt werden.
- Auch Zufalls- und andere Maltechniken wie Spritzen von Farben, Verblasen und Verziehen von Farbflüssigkeiten können angewandt werden.

STEINBRUCHLANDSCHAFT

Altersstufe
Klasse 7 - 10

Zielvorstellung
- Aus geschnittenen Papieren unterschiedlicher Farbvarianten soll eine zerklüftete Steinbruch- bzw. Felsenlandschaft collagiert werden. Die räumliche Gesamtwirkung entsteht durch vielfältige Überdeckungen/Überschneidungen sowie durch Farbkontraste

Material/Werkzeug
1. Zeichenlock DIN A3 oder hellblaues Tonpapier.
2. Farbpapiere (aus Illustrierten, Prospekten) und Tonpapierreste.
3. Schere, Klebstoff/Klebestift.
4. Eventuell Wasserfarben, kleiner Borstenpinsel.

Zeitaufwand
Mindestens zwei Unterrichtsstunden.

Arbeitsweise
1. Ausschneiden vielfältiger eckiger Farbflächen unterschiedlicher Größen und Farbvariationen.
2. Aufbau der Steinbruch- oder Felsenlandschaft von einer gedachten Horizontlinie aus. Diese Linie sollte mindestens im oberen Drittel der Bildfläche angesiedelt sein.
3. Eventuelle Ergänzung der Umgebung (Himmel, Wolken, Landschaft in der Ferne) durch Bemalen oder Verwendung eines hellblauen Tonpapiers.

Variationen
- Aus den geschnittenen Collageteilen können auch kristalline Formen, kubistisch anmutende Figuren (Menschen, Tiere, Pflanzen, Objekte) zusammengestellt werden.
- Auch die Überarbeitung von größeren Bildvorlagen mit Collageteilen ist denkbar.
- Neben Bildteilen aus Abfallpapieren ist auch die Verwendung von Regenbogenfarbpapieren, farbigen Transparentpapieren und Papieren mit weiteren Farbverläufen möglich.

LUSTIG, LUSTIG

Altersstufe
Klasse 7 - 10

Zielvorstellung
- Herstellen eines lustigen heiteren Bildes mit Hilfe unterschiedlicher Zufallstechniken.
- Gezielte inhaltliche Ausdeutungen durch Collageteile (Comicfiguren, Bildwitze, Bildgags, Faschingskostüme usw.) sind möglich

Material/Werkzeug
1. Zeichenlock DIN A3, helles Tonpapier oder Packpapier.
2. Wasserfarben, größerer Haar- oder Borstenpinsel.
3. Eventuell Spritzsieb und Zahnbürste.
4. Collageteile aus Illustrierten und Prospekten.
5. Schere, Klebstoff/Klebestift.

Zeitaufwand
Mindestens eine Unterrichtsstunde.

Arbeitsweise
1. Ausschneiden und Aufkleben der Bilder/Bildausschnitte.
2. Bearbeiten der Blattfläche durch feine Farbspritzer mit Bürste und Spritzsieb, durch zufälliges und gezieltes Auftropfen von Farben, durch Spritzen mit dem Pinsel, durch Verblasen und Vermalen von Farbpfützen.

Variationen
Weitere lustige, heitere oder fröhliche Farbkombinationen und Bildgestaltungen lassen sich durch unterschiedliche Techniken herstellen:
- In Anlehnung an Piet Mondrian durch Kombination farbiger Vierecke, Quadrate und Streifen als Collage.
- In Anlehnung an Jackson Pollock durch Aufspritzen und Auftropfen von Farbflüssigkeiten.
- In Anlehnung an Robert Delaunay durch runde Farbformen wie Kreise, Halbkreise, Kreisbögen usw.
- In Anlehnung an Jasper Johns durch farbige Ziffern und Buchstaben.

AN DER MAUER

Altersstufe
Klasse 8 - 10

Zielvorstellung

- Gestalten einer individuellen „Mauerszene mit Leuten" durch Malerei, Collage oder auch durch zeichnerische Elemente
- Die Grundstimmung der Szene (fröhlich, lustig, unheimlich, traurig, gefährlich, öde usw.) soll durch entsprechende Farbkombination und Auswahl der Collageteile erreicht werden

Material/Werkzeug

1. „Mauer"-Kopiervorlagen mindestens DIN A4 oder Zeichenblock DIN A3, PC-Grafikprogramm.
2. Abbildungen von Personen und Gegenständen aus Illustrierten, Zeitungen, Prospekten und Katalogen.
3. Wasserfarben , Deckweiß, Borsten- und/oder Haarpinsel.
4. Schere, Klebstoff.
5. Filzstifte, Wachskreiden oder dicke Buntstifte für zu zeichnende Dinge.

U. G. Schwab: Sport ist mehr

Zeitaufwand
Mindestens 60 Minuten, bei aufwendigen Collagen und größeren Formaten mindestens 2 Stunden.

Kopiervorlage
siehe Anhang Seite 94

Arbeitsweise

1. Auswahl einer Mauer (Kopiervorlage oder andere Bildvorlage) bzw. selbstständiges Malen einer Mauer.
2. Auswahl und Ausschneiden von Personen und eventuell Gegenständen (Kataloge, Zeitschriften, eigene Fotos usw.).
3. Bemalen der Mauer.
4. Nach dem Trocknen Aufkleben der Bildteile.
5. Eventuell An- bzw. Übermalen der Szene. Dabei sind situationsabhängig durchscheinende und deckende Malweisen möglich bzw. notwendig.

Variationen
Anstelle einer Mauer können unterschiedliche Jugendtreffpunkte (als Zeichnung, Malerei, für Kalender, Bilder, Kopiervorlagen) und Situationen gewählt werden.

SCHNITTBILD AUF FARBIGEM GRUND

Altersstufe
Klasse 8 - 10

Zielvorstellung
- Eine einfarbig differenzierte Figur soll in einen bunten Bildgrund integriert werden, sodass eine Kontrastwirkung mit besonderer Farbstimmung erzielt wird

Material/Werkzeug
1. Schwarzes oder dunkelfarbiges Tonpapier im DIN-A3- bis DIN-A4-Format.
2. Eventuell Bildvorlagen.
3. Bleistift, Radiergummi.
4. Schere, Cutter, Pappunterlage, Klebstoff.
5. Wasserfarben, Deckweiß, Borsten- und/oder Haarpinsel, alternativ Farbverlaufspapiere.

Zeitaufwand
Mindestens 60 Minuten.

Arbeitsweise
1. Individuelles Gestalten von Figuren auf Tonpapier, eventuell Auswählen und Umsetzen von Bildvorlagen.
2. Skizzieren der Figuren bzw. Situationen unter Berücksichtigung der nachfolgenden Schneidearbeit.
3. Ausschneiden der Figur/en mit Schere und/oder Cutter.
4. Probeweises Auflegen der ausgeschnittenen Teile. Gezieltes Bemalen des Bildgrundes bzw. probeweises Anordnen auf fertigen Farbpapieren.
5. Fixieren der Figuren durch Aufkleben.

Variationen
Statt selbst bemalten oder vorgegebenen Bildgründen können auch Transparentpapiere für durchscheinende Fensterbilder verwendet werden.
Dazu ist aber ein relativ stabiler Rahmen aus Fotokarton oder Tonpapier erforderlich.

LIGHTSHOW

Altersstufe
Klasse 7 - 10

Zielvorstellung
- Herstellen einer agressiv und dynamisch wirkenden Lightshow, mit grellen Lichtblitzen, bunten Farbspots, Laserstrahlen, Lichteffekten und farbigem Kunstnebel
- Stars oder Bands können ins Bild collagiert werden

Material/Werkzeug
1. Schwarzes oder dunkelblaues Tonpapier ca. DIN-A3-Format.
2. Zuckerkreiden (Bunte Tafelkreiden, die mindestens einen Tag in Zuckerwasser eingelegt wurden).
3. Abbildungen von Stars (Jugendzeitschriften, Poster).
4. Schere, Klebstoff/Klebestift.
5. Eventuell Lineal für Laserblitze/Laserstrahlen, Dispersionsfarben und Borstenpinsel für stellenweise Übermalungen.

Zeitaufwand
Mindestens eine Unterrichtsstunde.

Variationen
- Alternative Motivstellungen sind zum Beispiel „Krieg der Sterne", Bühnenzauberauftritt, Discolichteffekte, Lasershow u. Ä.
- Mit dieser Technik können sowohl figurative als auch eher abstrakte Farb- und Formkombinationen hergestellt werden.
- Auch Zahlen oder Buchstaben können als Formelemente verwendet werden.

Arbeitsweise
1. Ausschneiden und Aufkleben des/der Stars etwa in der unteren Bildmitte.
2. Hineinmalen der Lichteffekte. Besonders grelle Farben (gelb, rot, blau, violett) verwenden!
3. Nach dem Trocknen leuchten die Farben grell.

IM ALL

Altersstufe
Klasse 7 - 10

Zielvorstellung
- Kennenlernen und Anwenden der Spritz- und Verziehtechnik
- Herstellen eines Weltraumbildes in das ein Raumschiff, ein Satellit, ein Astronaut, eine Rakete o. Ä. integriert wird

Material/Werkzeug
1. Zeichenblock DIN A3 oder dunkles Tonpapier.
2. Wasserfarben, Deckweiß, Borstenpinsel, Haarpinsel.
3. Eventuell Spritzsieb und Zahnbürste.
4. Collageteile aus Illustrierten, Kunstdrucken oder Spielzeugprospekten, Schere, Klebstoff.

Zeitaufwand
Mindestens 60 Minuten.

Arbeitsweise
1. Skizzieren mehrerer Planeten unterschiedlicher Größe eventuell mit Hilfe eines Zirkels, eines Tellers oder einer anderen Schablone. Kleine Planeten können mit Hilfe der „Borstenpinsel auf der Stelle Drehtechnik" gemalt werden.
2. Ausmalen der Kreisflächen und Zwischenräume vor allem mit Schwarz-, Blau- oder Violetttönen.
3. Nach dem Trocknen werden die Collageteile ausgeschnitten und aufgeklebt.
4. Viele feine aber auch etwas größere Farbpunkte (Weltraumstaub, Meteoriten, Sterne u. ä.) werden aufgespritzt, am besten mit Zahnbürste und einem Spritzsieb. Man kann aber auch den eingefärbten Pinsel über einen Finger abschlagen. Weiße, schwarze und andere Farben sind möglich.
5. Anschließend werden die leicht angetrockneten aber noch feuchten bzw. flüssigen Farbstellen mit dem Geodreieck (Teigschaber) sternenschweifartig verzogen.

Variationen
Auch Explosionen, Vulkanausbrüche, Unfälle im Chemielabor, verschmutzte Windschutzscheiben u. Ä. lassen sich mit dieser Technik bildnerisch umsetzen.

UMSETZUNG EINES BILDES IN EINE PC-MALTECHNIK

Altersstufe
Klasse 7 - 8

Zielvorstellung
• Die SchülerInnen übertragen ein möglichst einfaches Motiv aus dem Kunstbereich durch PC-Zeichnung und erstellen durch Anwendung von PC-Füllfarben und PC-Pinsel ein pointilistisch orientiertes PC-Gemälde.

Material/Werkzeug
1. Bildvorlage (z. B. bekannte und markante Figuren aus Kunstwerken (z. B. von da Vinci, Keith Haring, Malewitsch, Picasso usw.).
2. PC mit Zeichen- und Malprogramm.
3. Farbdrucker, weiße oder getönte DIN-A4-Blätter.

Zeitaufwand
Mindestens 30 Minuten für eine Umsetzungsmöglichkeit.

Arbeitsweise
1. Auswahl oder Vorgabe einer Motivvorlage.
2. Möglichst formatfüllendes Abzeichen/Übertragen wesentlicher Elemente der Hauptfigur mit dem PC-Zeichenstift. Es kommt dabei nicht um die exakte Wiedergabe an.
3. Ausfüllen größerer Flächen mittels PC-Füllfarben.
4. Überarbeitung der Zeichnung mit PC-Pinsel in unterschiedlichen Farbkombinationen. Ausdrucken des Werkes.
5. Präsentation und Erörterung der Umsetzungen.

Variationen
• Pointillistische Überarbeitung vorher eingescannter Vorlagen.
• Freie Kompositionen ohne PC-Vorzeichnungen mit wechselnder Farbwahl.
• Spontanes Arbeiten mit dem PC-Pinsel mit Anwendung des Farben-Zufallsgenerators.
• Statt des üblichen weißen Druckerpapiers können auch Farbpapiere oder Kopien verwendet werden.

MIKROSKOPISCHE FARBEINBLICKE

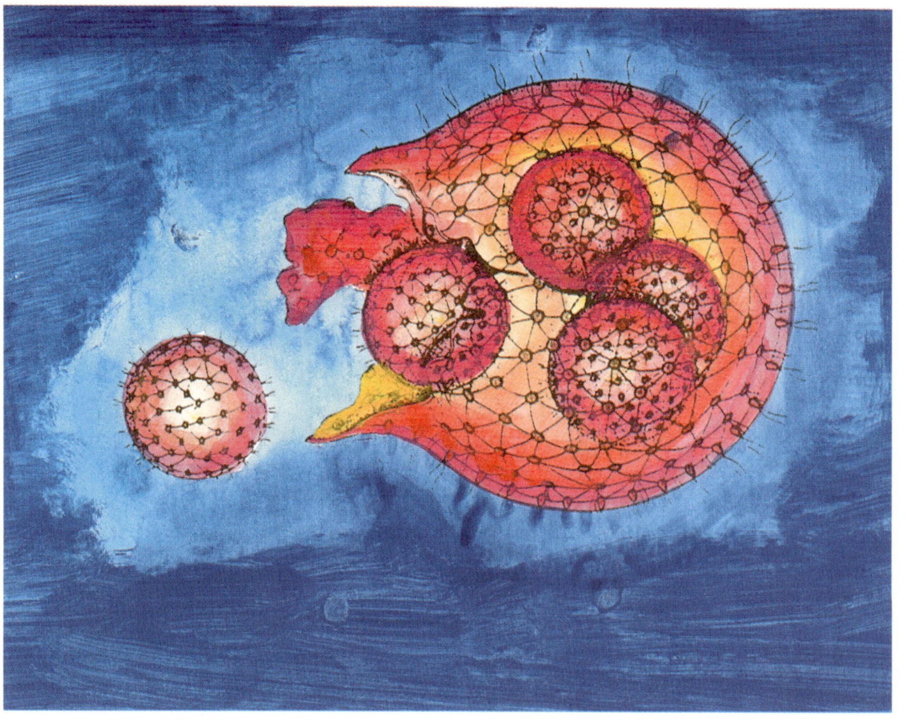

Altersstufe
Klasse 7 - 8

Zeitaufwand
Mindestens zwei Unterrichtsstunden.

Zielvorstellung
- Die faszinierende Welt mikroskopischer Formen soll zumindest ansatzweise kennengelernt und anschließend bildnerisch umgesetzt werden.
- Unterschiedliche Formen können kombiniert und mit individuellen Farbvorstellungen umgesetzt werden.
- Räumliche und körperhafte Wirkungen sollen durch die Farbgebung, durch Aufhellen und Trüben von Farben sowie durch unterschiedliche Farbsättigung erreicht werden.

Material/Werkzeug
1. Zeichenblock DIN A 3, eventuell Kopiervorlagen und Zeichenstift, Schere, Klebstoff.
2. Kopiergerät
3. Wasserfarben, Borstenpinsel, Haarpinsel, eventuell Deckweiß.
4. Elektronenmikroskopische Abbildungen sowie Grafiken aus der Welt der Mikroskopie, OHP, Folien, Schautafeln aus dem Biologieunterricht u.Ä. .

Arbeitsweise
1. Bildbetrachtung von biologischen Aufnahmen oder Grafiken von Modellvorstellungen.
2. Herstellen einer eigenen fantastischen Vorlage. Alternativ: Auswahl oder Vorgabe einer Kopiervorlage, die eventuell noch grafisch ergänzt werden kann.
3. Bemalen der Vorlage mit unterschiedlichen Farben. Körperlichkeit und Räumlichkeit werden durch Aufhellen und Trüben sowie durch unterschiedliche Farbsättigung erreicht.

Variationen
Vielfältige Formen, Farben und Gruppierungen ermöglichen unterschiedlichste Bildlösungen.

TAPETENDRUCK

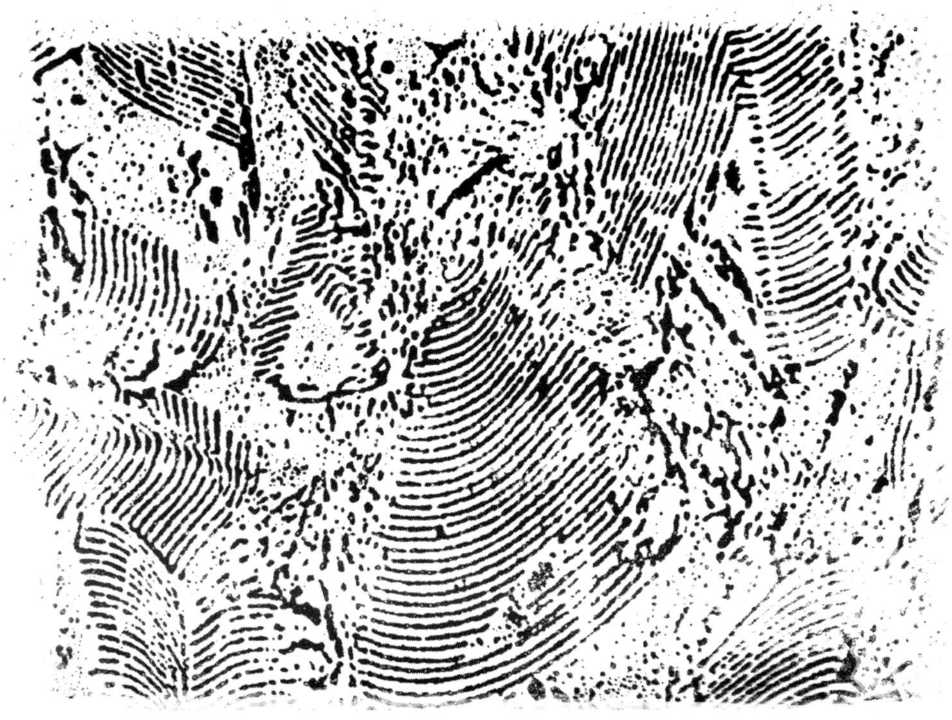

Altersstufe
Klasse 7 - 10

Zielvorstellung
- Die „Druckfähigkeit" von Rauhfaser und Prägetapeten soll erprobt werden
- Erkundung von möglichen Weiterverwendungs- und Bildgestaltungsmöglichkeiten

Material/Werkzeug
1. Rauhfaser- und Prägetapeten (Tapetenmusterbücher, Restrollen).
2. Wasserlösliche Druckfarben, Platte, Walze(n).
3. Schere oder Papierschneidemaschine.
4. Druckpapiere, Zeichenblockpapier DIN A3.
5. Eventuell Druckwalze.

Zeitaufwand
Mindestens 20 Minuten ohne weitere Bearbeitung des Druckes.

Arbeitsweise
1. Aussuchen geeigneter Tapeten, Zurechtschneiden des Formats (etwas kleiner als DIN A3 mindestens DIN A5).
2.Einen kleinen Strang wasserlösliche Druckfarbe auf die Platte geben und die Walze möglichst gleichmäßig einfärben.
3. Gleichmäßiges Einfärben der Tapete, Auflegen der Tapete auf das Papier (oder umgekehrt), Drucken durch Andrücken mit einer sauberen Walze oder mit Hilfe einer Druckwalze.
Beim Druckvorgang ist Partnerarbeit sinnvoll.

Variationen
Es können sowohl ungegenständliche Muster und Strukturen als auch Tapetenstücke mit gegenständlichen Motiven gewählt werden.
Die Drucke können für sich stehen oder weiterbearbeitet werden:
- Assoziatives Hineinzeichnen von Figuren.
- Stellenweises Bemalen von Bildteilen.
- Collagieren von Bildteilen.

TAPETENKOMBIDRUCK

Altersstufe
Klasse 8 - 10

Zielvorstellung
- Druckergebnisse und Druckstöcke von Rauhfaser- und Prägetapeten sowie andere druckbare Materialien sollen kreativ erprobt und miteinander kombiniert werden

Material/Werkzeug
1. Rauhfaser- und Prägetapeten (Tapetenmusterbücher, Restrollen).
2. Druckbare Materialien wie Korken, Rinde, Schrauben, Geflechte, Styrene, Kartoffel usw.
3. Wasserlösliche Druckfarben, Platte, Walze(n), Schere.
4. Druckpapiere, Zeichenblockpapier DIN A3.
5. Eventuell Druckwalze.

Zeitaufwand
Mindestens ein bis zwei Unterrichtsstunden.

Arbeitsweise
1. Aussuchen unterschiedlicher Tapeten und Zuschneiden auf das gewünschte Maß.
2. Einen kleinen Strang wasserlösliche Druckfarbe auf die Platte bringen und mit der Walze die Farbe möglichst gleichmäßig aufnehmen.
3. Gleichmäßiges Einfärben der Tapete, Auflegen der Tapete auf das Papier (oder umgekehrt), Drucken durch Andrücken mit einer sauberen Walze oder mit Hilfe einer Druckwalze.
4. Wiederholen des Vorgangs mit unterschiedlichen Druckstöcken und eventuell auch Farben. Anlegen einer kleinen Sammlung.
5. Bedrucken ausgewählter Beispiele mit gleichen und/oder unterschiedlichsten Druckstöcken. Es können auch unterschiedliche Farben verwendet werden.

Variationen
Alternativ zur oben genannten Vorgehensweise können auf einem Karton (z. B. Zeichenblockkarton DIN A3) Tapetenstücke zugeschnitten, probeweise aufgelegt und anschließend aufgeklebt werden. Der fertig montierte Druckstock wird eingefärbt und abgedruckt.

NITROFROTTAGE

Altersstufe
Klasse 8 - 10

Zielvorstellung
- Erproben und Anwenden der Nitrofrottage

Material/Werkzeug
1. Farbige Illustrierten- oder Zeitungsfotos (möglichst noch druckfrisch oder nur einige Tage alt).
2. Zeichenblock, Schreibmaschinenblätter weiß oder farbig, etwas Klebeband, kleiner Lappen.
3. Nitroverdünnung, kleiner Pinsel.

Zeitaufwand
Ca. 5 Minuten für einen Abdruck.

Arbeitsweise
Im Freien oder nur bei geöffneten Fenstern arbeiten!
Die Nitrofrottage ist ein Verfahren, bei dem in der Regel nur ein Abdruck möglich ist.
1. Foto auswählen und mit etwas Klebeband auf dem Papier fixieren. Die zu druckende Abbildung muss dem Papier zugewandt sein.
2. Vorsichtig einige Tropfen Nitroverdünnung auf das Bild geben und mit dem Lappen mit etwas Druck verreiben. Da die Nitroverdünnung die Fotovorlage transparenter macht, kann man den Abreibeerfolg in etwa erkennen.
3. Abdruck und Bildvorlage möglichst im Freien trocknen und ausdünsten lassen.

Variation
- Das Druckergebnis kann grafisch mit Filzstiften, Tusche und Feder oder Holzfarbstiften weiterbearbeitet werden. Auch eine zusätzliche Bemalung mit Wasserfarben und Haarpinsel ist möglich.
- Die verschwommene Fotovorlage kann schon für sich ein interessantes Gestaltungsprodukt darstellen oder aber für Collagezwecke weiterverwendet werden.

Werbefoto

FOTODRUCK

Altersstufe
Klasse 7 - 10

Zielvorstellung
- Erproben druckgrafischer Möglichkeiten und Techniken mit Hilfe eines Fotos
- Grafische Umsetzung eines fotografischen Motivs durch Einritzen markanter Umrisse

Material/Werkzeug
1. Alte Farb- oder Schwarz-Weiß-Fotos.
2. Große spitze Nadel oder Radiernadel.
3. Wasserlösliche Druckfarbe, Borstenpinsel, Lappen.
4. Druckpapier oder Schreibmaschinenpapier.
5. Druckwalze, Druckfilzstück mindestens in Fotogröße.

Zeitaufwand
Mindestens eine Unterrichtsstunde.

Arbeitsweise
1. Auf dem Foto beispielsweise die wichtigsten Umrisse aber auch ausgewählte Details mit der Nadel „nachritzen". Flächen können mit einfachen Schraffuren ausgestaltet werden. Es sollte darauf geachtet werden, dass die obere Schicht nicht zu stark ausreißt.
2. Mit dem Pinsel etwas Druckfarbe auf dem Foto verteilen und mit dem Finger in die Ritzen eindrücken.
3. Die Bildfläche mit einem Lappen abwischen. Auf das Foto zuerst das Papier (evtl. etwas angefeuchtet), dann den Filz auflegen. Drucken mit der Druckwalze. Es sind in der Regel nur wenige „Abzüge" möglich.

Variationen
- Als Vorlagen können Porträts, Situationen oder Landschaftsaufnahmen gewählt werden.
- Alternative Materialien zur Druckstockherstellung sind zum Beispiel transparente Folien, Milchtüten, beschichtete Pappen.

DEPRON- BZW. STYRENEDRUCK

Altersstufe
Klasse 8 - 10

Zielvorstellung
- Erproben und Gestalten eines Druckstocks durch unterschiedliche Bearbeitungstechniken
- Herstellen einer kleinen Druckauflage

Material/Werkzeug
1. Depron- bzw. Styrenestücke ca. DIN-A4-Format (Baustoffhandel, Malerbedarf). Die dünnen styroporartigen Kunststoffplatten können mit der Schere, einem Cutter oder mit einer Schneidemaschine zugeschnitten werden.
2. Einfache Ritz-, Drück- und Schneidewerkzeuge wie z. B. Nagel, Füllerkapsel, Kugelschreiber, Messer, Cutter.
3. Wasserlösliche Druckfarbe, Platte, Walze(n).
4. Papiere, Tonpapiere maximal DIN-A3-Format.
5. Eventuell Druckwalze.

Zeitaufwand
Mindestens zwei Unterrichtsstunden.

Arbeitsweise
1. Bei erstmaliger Begegnung mit diesem Werkstoff kurze technische Erprobungsphase mit Probedruck.
2. Anlegen eines Motivs (z. B. Filzstiftskizzen) mit anschließender differenzierter Ausgestaltung oder zunächst experimentelles Vorgehen mit möglichen Bildassoziationen und nachfolgender Ausdifferenzierung.
3. Etwas Druckfarbe auf die Platte geben, mit der Walze verziehen und die Druckfläche gleichmäßig einfärben.
4. Papier auf die eingefärbte Druckfläche legen, mit einer sauberen Walze oder mit einer Druckwalze drucken.
5. Druckvorgang mehrmals wiederholen.

Variationen
- Als Druckstock kann die gesamte Platte dienen, es kann aber auch eine formatfüllende Figur aus der Platte ausgeschnitten werden.
- Neben frei gewählten Motiven können ausgewählte Bildvorlagen auf die Druckplatte übertragen werden.
- Statt einfarbigem Druckpapier können auch (kopierte) Grafiken, farbige Kalenderbilder, Geschenkpapiere, Tapetenstücke oder bunte Verlaufspapiere als Druckgrundlage eprobt werden.

KOMBINIERTER STYRENEDRUCK

Altersstufe
Klasse 8 - 10

Zielvorstellung
- Erproben und Gestalten eines Mehrfarbendrucks mit verschiedenen Druckstöcken
- Anwenden unterschiedlicher Bearbeitungstechniken
- Herstellen einer kleinen Druckauflage

Material/Werkzeug
1. Depron- bzw. Styrenestücke ca. DIN-A4-Format und Reststücke.
2. Schneide- und Ritzwerkzeuge wie z. B. Messer, Cutter, Papierschneidemaschine, Kugelschreiber.
3. Karton ca. DIN A4 und doppelseitiges Klebeband.
4. Eventuell Lineal und Schablonen.
5. Wasserlösliche Druckfarben, Platte, Walze(n).
6. Papiere, Tonpapiere maximal DIN-A3-Format.
7. Eventuell Druckwalze.

Zeitaufwand
Mindestens zwei Unterrichtsstunden.

Arbeitsweise
Dieser Mehrfarbendruck kann entweder freier und experimenteller oder eher genauer geplant und zielgerichtet erfolgen.

1. Die gesamte Depronplatte mit heller Farbe einfärben und abdrucken. Für die kleine Auflage wird der Vorgang mehrmals wiederholt.
2. Aus der Platte oder aus Reststücken Teile/Figuren herausschneiden, mit doppelseitigem Klebeband auf den Karton kleben, mit der Walze einfärben und drucken.
3. Auf diese Weise können mehrere Druckstöcke hintereinander hergestellt und abgedruckt werden. Um ungewollte Farbflecken zu verhindern, kann aus Zeitungs- oder anderen Papieren eine „Schutzschablone" hergestellt werden. Diese Schablone deckt das Umfeld der bereits bedruckten Flächen ab.
4. Papier auf die eingefärbte Druckfläche legen, mit einer sauberen Walze oder mit einer Druckwalze drucken.
5. Druckvorgang mehrmals wiederholen.

Variationen
In Anlehnung an das Drucken mit einer verlorenen Platte können aus der DIN-A4-Grundplatte immer kleiner werdende Figuren (aus-)geschnitten und gedruckt werden. Wegen der oft nicht sehr guten Deckkraft der Farben sollte von hell nach dunkel gearbeitet werden.

KORKENABROLLTECHNIK

Altersstufe
Klasse 8 - 10

Zielvorstellung

- Das Abrollen eines eingefärbten Weinkorkens bewirkt ungewöhnliche Strukturen auf der Bildfläche
- Durch zufälliges und gezieltes Abrollen sollen Bildassoziationen entstehen, die freie Farb-Form-Kombinationen oder gezielte Strukturbilder ermöglichen

Material/Werkzeug

1. Weinkorken, zwei Nägel mittlerer Größe, eventuell kleiner Hammer.
2. Wasser- oder Dispersionsfarben, Borstenpinsel.
3. Zeichenblock DIN A3 bzw. Schreibmaschinenpapier weiß oder farbig.

Zeitaufwand
Mindestens 30 Minuten mit Probeversuchen.

Arbeitsweise
1. Die beiden Nägel als „Abrollgriffe" in die Mitte der beiden kreisförmigen Seitenflächen eindrücken/einhämmern.
2. Den Korken rundherum mit dem Pinsel einfärben und abrollen. Den Vorgang mit gleichen und verschiedenen Farben wiederholen und ein Abrollbild komponieren. Unterschiedliche Richtungen, Farben und Farbintensitäten können bei der Bildgestaltung eine Rolle spielen.

Variationen
Weiterbearbeitung eines Abrollbildes, zum Beispiel durch Finden und Hervorheben einer Figur im Farbgeflecht, durch zusätzliches Drucken (Druckstempel), durch Hineinzeichnen (z. B. Tiere in einer Rindenstruktur) oder durch thematisch begründete stellenweise Be- und Übermalungen.

LINOLDRUCK

Altersstufe
Klasse 8 - 10

Zielvorstellung
- Herstellen eines Hochdrucks mit einer Linolplatte und Schneidewerkzeugen als Weißlinienschnitt
- Erfahren der Reproduzierbarkeit eines Motivs

Material/Werkzeug
1. Linolplatte DIN-A4- bis maximal DIN-A3-Format, evtl. Bildvorlagen, Filzstift.
2. Schneidewerkzeuge (Linolbesteck), evtl. Anlegerahmen.
3. Pflaster für Verletzungsfälle.
4. Wasserlösliche Druckfarbe, Kunststoff- oder Glasplatte, Walze.
5. Papiere zum Drucken (weiß oder farbig).
6. Druckwalze, Papier, Pappe.

Zeitaufwand
Mindestens zwei Unterrichtsstunden.

Arbeitsweise
1. Ein Linolschnitt, besonders der Flächenlinolschnitt, muss vorgedacht und genau geplant werden, denn die Figuren müssen fast ausschließlich in Schwarz-Weiß-Flächen umgewandelt werden. Eine Hilfe ist, eine Filzstiftskizze anzulegen oder die dunklen Flächen mit dem Filzstift auf der Linolplatte zu kennzeichnen.
2. Bearbeiten der Oberfläche nach Skizze.
3. Farbe aufwalzen, Blatt auflegen, drucken. Es können vor der endgültigen Fertigstellung auch Probedrucke erfolgen. Partnerarbeit erleichtert das Drucken.

Variationen
- Statt Schwarz auf Weiß kann auch mit anderen Farben auf farbiges oder leicht getöntes Papier gedruckt werden (Komplementärkontraste und andere Farbkombinationen).
- Neben gegenständlichen Motiven können auch Form- und Musterkombinationen gewählt werden. Kleinformatige Druckstöcke lassen sich, mehrfach abgedruckt, zu einem großen Bild kombinieren.

FREIE MONOTYPIE

Altersstufe
Klasse 8 - 10

Zielvorstellung
- Erproben druckgrafischer Möglichkeiten und Techniken
- Herstellen eines Bildes durch freies Zeichnen oder experimentelles Verziehen der Druckfarbe. Bei der Monotypie (Einmaldruck) spielt auch der Zufall eine Rolle. Abzüge von derselben Platte bringen Ergebnisse unterschiedlicher Intensität

Material/Werkzeug
1. Kunststoffplatte, Glasplatte oder starke Folie.
2. Wasserlösliche Druckfarbe (schwarz oder andere dunkle Farben).
3. Kleine Walze (zum Verteilen der Druckfarbe).
4. Schreibmaschinenblätter weiß oder farbig.
5. Kugelschreiber, Bleistift, Schaschlikstäbchen o. Ä. zum Zeichnen; Pappstreifen zum Verziehen der Druckfarbe.

Zeitaufwand
Maximal 15 Minuten für eine Monotypie.

Arbeitsweise
1. Einen kleinen Strang Druckfarbe mit der Walze auf der Platte/Folie verteilen.
2. Vorsichtig ein Blatt auflegen.
3. Mit einem Stift (oder anderen stumpfen oder spitzen Gegenständen) durch leichten Druck auf dem Blatt in kreisenden Bewegungen Figuren flüchtig zeichnen.
4. Blatt nach oben abziehen und trocknen lassen.

Variationen
- Die Druckfarbe kann mit einem Gegenstand auch direkt auf der Platte verzogen werden. Erst dann wird ein Blatt aufgelegt, das durch Andrücken mit der Hand oder einer Walze das Gestaltungsergebnis aufnimmt.
- Die Druckergebnisse können auch ausschnitthaft präsentiert oder durch zusätzliches Zeichnen, Bemalen oder Collagieren verändert werden.
  Auch die Nutzung für dekorative Zwecke ist möglich.

MONOTYPIE NACH VORLAGEN

Altersstufe
Klasse 7 - 10

Zielvorstellung
- Erproben druckgrafischer Möglichkeiten mit Hilfsmitteln
- Mit Hilfe von Vorlagen kann eine Durchzeichnung beziehungsweise Umrisszeichnung erfolgen

Material/Werkzeug
1. Kunststoffplatte, Glasplatte oder starke Folie.
2. Wasserlösliche Druckfarbe (schwarz oder andere dunkle Farben).
3. Kleine Walze (zum Verteilen der Druckfarbe).
4. Bildvorlage (Illustrierten- oder Zeitungsbild, Künstlerbild, Fotokopie usw.).
5. Bleistift oder Kugelschreiber.
6. Schreibmaschinenpapier weiß oder farbig.

Zeitaufwand
Maximal 10 Minuten für eine Monotypie.

Arbeitsweise
1. Einen kleinen Strang Druckfarbe mit der Walze auf der Platte/Folie verteilen.
2. Vorsichtig ein Blatt auflegen.
3. Vorsichtig auf das Blatt ein Bild auflegen.
4. Abzeichnen/Durchpausen der Vorlagen z. B. durch Nachfahren der wichtigsten Umrisse. Weitere Ausgestaltung durch Stricheln, Punktieren und Schraffieren von Flächen.
5. Blatt nach oben abziehen, trocknen lassen.

Variationen
Es können mehrere Farben auf der Platte kombiniert werden. Auch die Kombination von übernommenenen Vorlagen und ergänzender freier Zeichnung ist möglich.

MATERIALLAGER

Altersstufe
Klasse 7 - 10

Zielvorstellung
- Wahrnehmen unterschiedlichster Ordnungs- und Gruppierungsformen
- Ordnen, Sortieren, Kombinieren und Montieren von kleinen und kleinsten Elementen zu einem reliefplastischen Materialbild

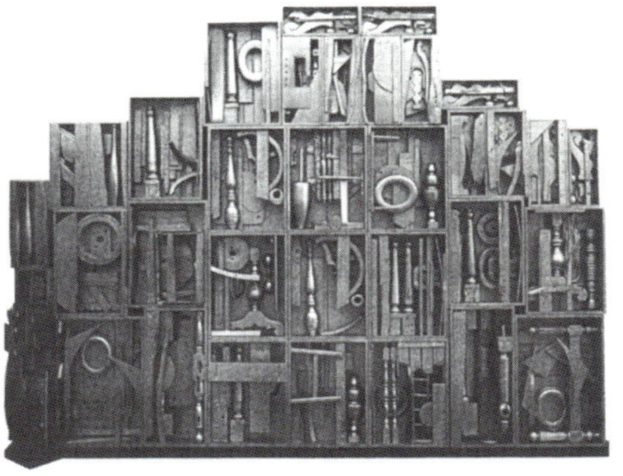

Louise Nevelson, Königliche Zeiten

Material/Werkzeug
1. Zeichenblockkarton als Bildträger.
2. Streichholzschachteln, Pappstreifen, kleine Vierkanthölzer, Klorollen und andere Dinge, bzw. Materialien zur Einteilung des Lagers.
3. Schere, Cutter, evtl. kleine Säge.
4. Klebstoff, ein- und doppelseitiges Klebeband, evtl. Kleister, Klebepistole u. Ä.
5. Materialien zum Einsortieren: Schrauben, Muttern u. a. technische Teile, kleine Astabschnitte unterschiedlicher Größe, Schnüre, Wolle, Textilreste usw.
6. Eventuell Dispersionsfarben und Borstenpinsel.

Zeitaufwand
Mindestens zwei Unterrichtsstunden.

Arbeitsweise
Einzel-, Partner- oder Kleingruppenarbeit
1. Das Lager kann materialabhängig gestaltet werden, chaotisch oder geordnet, in Boxen oder in Lagerflächen unterschiedlicher Größe, eventuell mit Verbindungs- und Transportwegen.
2. Die ausgewählten bzw. mitgebrachten Dinge anordnen und festkleben.
3. Eventuell Bemalen einzelner Teile.

Variationen
Neben den unterschiedlichen Materialien können auch Gegensätze in den Ordnungsprinzipien sichtbar gemacht werden (z. B. exakt aufgereiht gegen auf einen Haufen geworfen, exakt aufgestellt gegen teilweise umgestürzt).

EIN STÜCK MEINER TRAUMBUCHT

Altersstufe
Klasse 8 - 10

Zielvorstellung

- Reliefplastisches Gestalten eines Strandstücks
  Plastisches Ausformen des Meeres und des Strandes mit Felsformationen

Material/Werkzeug

1. Dünne Pressspan-, Styropor- oder Hartfaserplatte ca. DIN A3 als Bildträger. Wenn nicht viel Papiermaché aufgebracht wird, genügt auch ein Zeichenblockkarton.
2. Styroporbruchstücke, kleine Schachteln.
3. Tapetenkleister und etwas doppelseitiges Klebeband.
4. Zeitungspapier, farbige Schreibmaschinenpapiere, evtl. auch ausgerissene oder ausgeschnittene Farbpapierschnipsel aus Zeitschriften.
5. Kleine Naturmaterialien wie Muscheln, Holzstückchen, Steinchen, Sand, Schneckengehäuse und andere Fundstücke.
6. Eventuell Wasser- oder Dispersionsfarben und Borstenpinsel.

Zeitaufwand
Mindestens zwei Unterrichtsstunden.

Robert Smithson, Spyral Jetty

Arbeitsweise

1. Strandverlauf ungefähr festlegen und die Styroporbruchstücke und Fundmaterialien mit doppelseitigem Klebeband und Kleisterpapier befestigen.
2. Zeitungs- und Farbpapiere etwas zerknüllen, einkleistern und als Landschaftsteile auf der Unterlage ausformen (Wellen, Brandung, Sandformation).
3. Eventuell etwas Sand oder Sägemehl auf die eingekleisterten Strandteile streuen. Nach dem Trocknen können noch freie Stellen übermalt werden.

Variationen
Alternative Landschaftsausschnitte sind zum Beispiel: Insel der Einsamkeit, künstlich angelegtes Tiergehege, ein Körperteilgelände, Teil eines Erholungsgebiets, Erlebnisbadelandschaft.

NUR NATUR

Altersstufe
Klasse 7 - 10

Zielvorstellung
- Gestalten eines reliefplastischen Bildes nahezu ausschließlich aus Naturmaterialien

Material/Werkzeug
1. Zeichenblockkarton, evtl. dünne Pressspan- oder Hartfaserplatte ca. DIN A3.
2. Naturmaterialien: halbierte Kastanien und Hagebutten, Zapfen, getrocknete Blätter, Trockenblumen, Samen, Körner, Stroh, Rinde, Steinchen usw.
3. Klebstoff, doppelseitiges Klebeband, Kleister oder Klebepistole.
4. Wasserfarben, Deckweiß oder Dispersionsfarben und Borstenpinsel.

Zeitaufwand
Mindestens 60 Minuten.

Arbeitsweise
Die Durchführung dieser Aufgabe sollte im Herbst erfolgen, wenn genügend Naturmaterialien gesammelt bzw. zur Verfügung gestellt werden können.
1. Zunächst Anordnen, Kombinieren und Aufkleben der größeren Materialien.
2. Ausgestaltung der größeren Freiflächen mit getrockneten Blättern.

Andy Goldsworthy, Buchenblätter, 1992

3. Ausstatten von kleineren Restflächen bzw. Überarbeitung anderer Bildteile mit kleinen Naturmaterialien.
4. Evtl. Übermalen kleinerer Bildteile.

Variationen
Neben reliefplastischen Naturbildern können auch vollplastische menschliche oder Fantasiefiguren hergestellt werden. Auf ein einfaches, stabiles Standgerüst (dicker Astabschnitt bzw. Holzscheibe mit Sockel und Bohrloch mit eingestecktem Rundstab) werden mit Blumenbindedraht oder dünner Schnur Naturmaterialien (z. B.Tannenzweige u. Ä. Heu, trockenes Gras, Rinden, Maisblätter usw.) befestigt.

BIKERBILD

Altersstufe
Klasse 7 - 10

Zielvorstellung

- Thematisch gebundenes Kombinieren und Montieren von Fundstücken zu einem reliefplastischen Materialbild
- Beurteilung der Fundstücke nach Form und Aussehen und gezielte Einsetzung für die Umsetzung eines Motivs

Material/Werkzeug
1. Sperrholz-, Hartfaser- oder Pressspanplatte als Bildträger.
2. Unterschiedlichste Fundstücke und Wegwerfmaterialien (z. B. CDs, technische Teile, Stanzteile, kleine Formen, Schrauben, Muttern, Kronkorken, Geflechte, Küchenutensilien usw.).
3. Klebstoff, Klebeband, doppelseitiges Klebeband, Klebepistole u. Ä.

Zeitaufwand
Mindestens zwei Unterrichtsstunden.

Rolf Nesch, Der Schnarcher

Arbeitsweise
1. Einrichten einer Materialtheke oder Arbeit an Gruppentischen mit großer Materialauswahl.
2. Eventuell farbiges Grundieren der Platte.
3. Erproben, Anordnen und Aufkleben der ausgewählten Teile.

Variationen
Trike, Oldtimer, historischer Puppenwagen, Luftschiff, fliegende Kiste, Zeitmaschine u. Ä.

SAMMLUNGEN/ARRANGEMENTS

Altersstufe
Klasse 7 - 10

Zielvorstellung
- Das Sammeln, Arrangieren und Präsentieren von kleinen Gegenständen soll in einen bestimmten Zusammenhang gestellt werden
- Experimenteller Umgang mit Material-, Licht- und Schattenwirkung

Armand Fernandez Arman, Stegosaurus

Material/Werkzeug
1. Zeichenblockkarton, flache Schachtel, großer Dosendeckel, alter Bilderrahmen mit Rückseite, Styroporverpackungsteil, alte Schublade usw.
2. Büroklammern, Heftklammern, Schrauben, Muttern, Nägel, Reißzwecken, Pinn-Nadeln, Haken, Verschlüsse aller Art (Kronkorken, Sektkorken, Schraub- oder Twist-off-Verschlüsse).
3. Kleister, Leim, Klebstoff, doppelseitiges Klebeband usw.
4. Evtl. weiße oder leicht getönte Dispersionsfarbe, großer Pinsel.

Zeitaufwand
Mindestens 60 Minuten ohne Bemalung.

Arbeitsweise
1. Sammeln von zusammenpassenden Kleinteilen.
2. Erproben, Arrangieren und Aufkleben der einzelnen Teile.
3. Eventuell Be- oder Übermalung des gesamten Objekts.

Variationen
- Was der Trinker so alles hinterlässt
- Überfahrener Straßenmüll
- Zum Wegwerfen zu schade
- Kleine Schätze
- Steinchenreich!

GESTALTEN MIT STYROPORFORMTEILEN

Altersstufe
Klasse 7 - 8

Zielvorstellung
- Styroporverpackungsteile werden gesichtet, ausgewählt und eventuell durch Hinzufügen beziehungsweise durch Wegnehmen von Teilen verändert.
- Die Formen und Formteile werden bemalt und eventuell durch zusätzliche Teile ausgestattet.

Material/Werkzeug
1. Vorgegebene oder selbsthergestellte Gebilde, z.B. Styroporformteile und Styroporverpackungsteile.
2. Eventuell etwas Papiermaché, Zeitungspapier, Kleister.
3. Wasser-, Dispersions- oder Temperafarben, weiße Dispersionsfarbe, unterschiedliche Borstenpinsel.
4. Eventuell kleine farbige Teile zum Einstecken (Stecknafeln, Knöpfe, Pin-Nadeln, Reißzwecken).
5. Eventuell Heißluftfön.

Zeitaufwand
Mindestens zwei Stunden für die Bemalung und Ausstattung.

Arbeitsweise
Einzelarbeit oder Partnerarbeit
1. Sammeln und Auswählen größerer Verpackungsteile. Teile können mit einem Messer weggeschnitten oder mit Schaschlikstäbchen angeheftet werden. Eventuell sparsames Überarbeiten des Styroporverpackungsteils mit Papiermaché und/oder Kleisterpapier. Einige Tage trocknen lassen.
2. Bemalen nach eigenen Assoziationen, dabei können durch Farbe Vertiefungen stärker hervorgehoben oder eher verflacht werden. Es empfiehlt sich, die Form weiß zu grundieren oder die Farben mit weißer Dispersionsfarbe abzumischen.
3. Das Objekt kann durch Einstecken farbiger Kleinteile weiter ausgestattet werden.

Variationen
- Durch die unterschiedlichsten Formteile entstehen unterschiedliche Assoziationen zur Weiterarbeit und zur Ausdeutung. Es können auch gezielt Formen abgeschnitte und zu einer Figur kombiniert werden.
- Alternativ zur genannten Bearbeitung können Teile mit einem Heißluftfön reliefplastisch geformt werden. Diese Arbeit sollte möglichst im Freien stattfinden.

TOLLE FALTENWÜRFE

Altersstufe
Klasse 8 - 10

Zielvorstellung

- Herstellen eines reliefplastischen Objekts in Verbindung mit Collageteilen. Dabei sollen besondere, auch figurbetonte, Faltenwürfe entstehen, die nur durch Licht und Schatten ihre plastische Wirkung erhalten

Material/Werkzeug

1. Pressspan-, Hartfaser-, Kunststoff- oder Sperrholzplatte, ca. DIN-A3-Format.
2. Collageteile (Ganzkörperfiguren aus Zeitschriften, Kalendern oder Kunstdrucken).
3. Kleister, farbiges Transparentpapier in großen Bögen (aber nur ein bis zwei Farben pro Bild verwenden!).
4. Eventuell Reste von Kordeln, Geschenkbändern, Schnüren, feingliedrigen Ketten u. Ä., Pinsel und Wasser- bzw. Dispersionsfarben.

Zeitaufwand
Mindestens eine Unterrichtsstunde.

Arbeitsweise

1. Aufkleben des Bildes auf die Grundplatte.
2. Unterschiedliches Falten und Knüllen des Papiers, Eintauchen oder Bestreichen mit Kleister und Drapieren auf der Platte.
3. Trocknen lassen, evtl. lasierendes Übermalen der Restflächen mit dem entsprechenden Farbton des Papiers.

Variationen
Es können auch dreidimensionale Elemente (ausgediente, defekte Puppen oder Puppenteile, kleine Kuscheltiere, Gipsabformungen und andere Objekte) für die Bildmontage verwendet werden.

FIGUR AUS YTONG

Altersstufe
Klasse 8 - 10

Zielvorstellung
- Gestalten eines plastischen Objekts mit weißen Leichtbausteinen, mit Erprobung materialtypischer Eigenschaften dieses Werkstoffes durch die praktische Anwendung

Materialien/Werkzeug
1. Gasbetonsteine (Leichtbausteine, Ytong). Es können auch beschädigte Steine sein. Diese bekommt man in den meisten Fällen billiger.
2. Alte Sägen (Bügelsäge, Fuchsschwanz o. Ä.), Raspeln, Feilen, Schmirgel- und Schleifpapier.
3. Zeichenstift oder Kreide.
4. Bei Bedarf elektrische Stichsäge und Bohrmaschine.

Zeitaufwand
Mindestens drei Unterrichtsstunden.

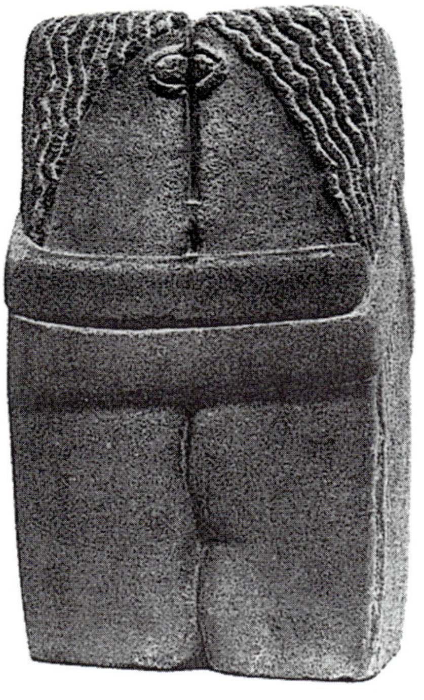

Constantin Brancusi, Der Kuss

Arbeitsweise
1. Einen Block oder ein Bruchstück auswählen, bzw. sich zu einem vorgegebenen Bruchstück eine mögliche Figur ausdenken.
2. Grobe Formvorstellungen können auf den Block vorgezeichnet werden (verschiedene Seiten beachten!). Die Form sollte keine dünnen Ausformungen aufweisen (Bruchgefahr!).
3. Die gröbsten Teile wegsägen, so dass die Grundfigur entsteht. Kleinere Teile sowie Rundungen werden mit einer Handsäge, später mit einer groben Raspel, nach und nach abgetragen.
4. Falls möglichst glatte Oberflächen gewünscht werden, muss die Figur zum Schluss mit grobkörnigem Schleifpapier überarbeitet werden.

Möglichst im Freien arbeiten!

Variationen
- Da das Werkmaterial in verschiedenen Stärken erhältlich ist, kann sowohl reliefartig (Flachrelief, Hochrelief) als auch vollplastisch gearbeitet werden.
- Die Figuren können auch farbig gefasst werden. Sollen sie im Freien stehen, ist eine Bemalung bzw. Lackierung notwendig.

MEIN KANDINSKY DREIDIMENSIONAL

Altersstufe
Klasse 7 - 10

Zielvorstellung

- Umsetzung bzw. Neugestaltung geeigneter „Kunstvorbilder" in reliefplastische Objekte. Dabei sollen Format, Figuren, Formen, Farben individuell verändert werden

Material/Werkzeug

1. Auswahl an Kunstpostkarten, Kunstdrucken, Kunstkalendern.
2. Zeichenkarton ca. DIN A3 oder ähnliche Grundlage.
3. Mit der Schere schneidbarer Karton, weiß beschichtete Kartonreste.
4. Bleistift, Schere, Cutter, Klebstoff.
5. Wasser-, Dispersions- oder Temperafarben, Borsten- und/ oder Haarpinsel.

Zeitaufwand

Mindestens drei Unterrichtsstunden.

Arbeitsweise

1. Auswahl oder Vorgabe einer Abbildung.
2. Erfinden, Nachempfinden von Formen und Figuren. Aufzeichnen und Ausschneiden von Formen.
3. Probeweises Auf- und Übereinanderlegen der Formen, wobei später maximal drei „Formschichten" übereinander geklebt werden sollten.
4. Aufeinander abgestimmtes Bemalen der Einzelformen und des Bildträgers.
5. Eventuell abschließendes Lackieren mit Klarlack.

Variationen

- Neben fantastischen Figuren und Formen können auch einfache geometrische oder typische Formen/Figuren anderer Künstlerinnen und Künstler reliefartig kombiniert werden.
- In Verbindung mit dem Fach Technik sind aufwendigere Herstellungstechniken (z. B. Aussägen) mit anderen Materialien (Sperrholz, Pressspanplatte, Kunststoffe) möglich.

ZELTBAU

Altersstufe
Klasse 7 - 10

Zielvorstellung
- Herstellen eines modellhaften Fantasiebaus nach individuellen Wünschen und Vorstellungen, dabei soll ein Gelände mit einer Holzkonstruktion zeltartig überdacht werden

Material/Werkzeug
1. Grundplatte (Pressspan, Sperrholz) ca. DIN A3.
2. Holzlattenstücke, Holzklötzchen, Drahtgeflecht, Zange, Gaze, Nylonstrümpfe, Stoffe, Schere, Schnüre, evtl. Kleister und Zeitungspapier.
3. Hammer und Nägel bzw. Kreuzschlitzschrauben und Bohrmaschine mit Schraubeinsatz, evtl. Tacker und Reißzwecken.
4. Farbige Papiere und/oder Dispersionsfarben und Borstenpinsel.

Zeitaufwand
Mindestens zwei Unterrichtsstunden ohne Bemalung.

Arbeitsweise
Partner- oder Kleingruppenarbeit
1. Auf der Grundplatte (von unten nageln/schrauben) wird ein stabiles Holzgestell mit unterschiedlichen Höhen und Raumsituationen aufgebaut. Die Holzteile können bemalt oder beklebt werden.
2. Über die Holzteile werden die Geflechte oder Stoffe gespannt und fixiert. Bei der Verarbeitung von stärkerem Drahtgeflecht ist wegen der Verletzungsgefahr Vorsicht geboten.
3. Teile des Drahtgeflechts und der Bespannung können mit Kleister und Zeitungspapier oder farbigen Papieren überklebt werden (Licht- und Schattenwirkung).
4. Die Dachkonstruktion kann farblich weitergestaltet werden.

Olympiastadion, München

3-D-TREPPENGEWIRR

Altersstufe
Klasse 8 - 10

Zielvorstellung
- Herstellen eines modellhaften Innenraums nach individuellen Vorstellungen, bei dem Treppen aus unterschiedlichen Positionen den Raum durchdringen

Material/Werkzeug
1. Stabiler Karton (nur Vorderseite offen).
2. Streifen (ca. 2 - 4 cm) aus Fotokarton, Tonpapier, stabile Pappstreifen, Holzklötzchen unterschiedlicher Größe.
3. Schere, Cutter, Papierschneidemaschine, Klebstoff, doppelseitiges Klebeband, Tacker.
4. Kopien von Escher-Grafiken zur Betrachtung und zur Gestaltung der Wände.

Zeitaufwand
Mindestens zwei Unterrichtsstunden.

M. C. Escher, Relativität, 1953

Arbeitsweise
Partner- oder Gruppenarbeit
1. Eventuell Richten des Kartons, Ankleben der Escher-Kopien an den Seitenwänden.
2. Einschneiden von Ritzen (an allen Seitenwänden und an der Decke), durch die stabile Pappstreifen als Anlagepunkte geschoben werden. Stabilisierung von unten durch Holzklötzchen oder weitere Pappstreifen.
3. Ziehharmonikaartiges Falten der Tonpapierstreifen. Abschneiden und Ankleben der „Treppen", die von allen Seiten und auch von oben nach unten den Raum durchdringen sollen.

Variationen
In Ahnlehnung an bekannte Künstlerinnen und Künstler können auch Raummodelle mit anderen Gestaltungsschwerpunkten, Raumwirkungen und Materialien hergestellt werden, zum Beispiel:
- Merzbau von Kurt Schwitters
- Bauten von F. Hundertwasser
- Rauminstallationen von Rebecca Horn
- Rauminstallationen von Christian Boltanski u. A.

RAUM FÜR SPIEL-FREAKS

Altersstufe
Klasse 7 - 9

Zielvorstellung
- Herstellen eines modellhaften Innenraums, der nach individuellen Spiel-Vorstellungen ausgestaltet wird

Material/Werkzeug
1. Schuhkarton o. a. kleiner Karton.
2. Alte Pappspielfelder, Abbildungen aus Katalogen, Zeitschriften, Prospekten, evtl. auch Fotokopien, Teppichboden- und Tapetenreste.
3. Schere, Cutter, Klebstoff, doppelseitiges Klebeband, Kleister.
4. Nicht mehr benötigte Spielfiguren oder Abbildungen von Spielfiguren, Holzklötzchen.
5. Evtl. Farben, Deckweiß, Borstenpinsel.

Zeitaufwand
Ungefähr drei Unterrichtsstunden.

Arbeitsweise
1. Zurechtschneiden des Kartons, die Vorderfront kann ganz oder nur teilweise weggeschnitten werden.
2. Ausstatten der Wände und des Fußbodens mit Farbe und Spielfeldern bzw. Spielszenen oder Figuren.
3. Einrichten des Zimmers mit konkreten Spielfiguren oder mit Abbildungen, die auf die Holzklötzchen geklebt werden und gleichzeitig als Sitzgelegenheit dienen können.

Variationen
Romantisches Kuschelrockzimmer, Superbadezimmer, unheimliches Kellergewölbe, Wohnzimmer mit Liegelandschaft, Spiegelzimmer und andere Wunschräume.

BÜHNENZAUBER

Altersstufe
Klasse 7 - 8

Zielvorstellung

- Der Auftritt eines Stars soll modellhaft nach individuellen Vorstellungen in Szene gesetzt werden. Dabei spielen die Gestaltung und Ausstattung der Bühne sowie Beleuchtungseffekte eine wesenliche Rolle

Material/Werkzeug

1. Schuhkarton mit Deckel o. Ä. Karton.
2. Tonpapiere, Karton, Kartonstreifen, Fotokarton, farbige Schreibmaschinen- und Tranparentpapiere.
3. Glanz- und Glitzerfolie, Dekomaterialreste, Watte.
4. Kleine Starfigur(en) aus Jugendzeitschriften.
4. Cutter, Schere, Locher.
5. Klebstoff, doppelseitiges Klebeband, Heftapparat.

Zeitaufwand
Mindestens zwei Unterrichtsstunden.

Arbeitsweise
1. Lichtöffnungen, von spotartigen Lichtflecken (Locher) bis zu großflächigen Farbspielen (Cutter) an Decke, Seitenwänden und eventuell der Rückwand. Bekleben der Öffnungen mit Transparentpapier. Guckloch/Guckfenster an einer Schmalseite, Schlitze für Pappstreifen/Kulissen an den Längsseiten einschneiden.

Bühnenfoto

2. Star(s) und Kulissen ausschneiden, bekleben, dekorieren und an den Längsseitenwänden oder an durchgeschobenen Kartonstreifen befestigen.
3. Ausstattung des Bühnenraumes mit Dekomaterial oder Watte (Bühnennebel), Beleuchtungs- und Laserlichteffekte durch Tonpapierstreifen.

HOHLFORMENBAU

Altersstufe
Klasse 7 - 9

Zielsetzung

- Aufbau eines modellhaften Fantasiebaus mit Hilfe natürlicher Formen und Körper (organische Architektur)
- Anwenden unterschiedlicher Aufbautechniken

Hermann Finsterlin,
Gaststätte: Haus der Geselligkeit, 1965

Material/Werkzeug

1. Grundplatte (Sperrholz, Pressspan), Zeitungspapier.
2. Luftballons, kleine Bälle, größere Kieselsteine u. Ä.
3. Gipsbinden, Schere, zwei kleine Schüsseln, alternativ: Klebeband, Kleister und Zeitungspapierstreifen.
4. Eventuell Dispersionsfarben und Borstenpinsel.

Zeitaufwand
Mindestens zwei Unterrichtsstunden.

Arbeitsweise
Partnerarbeit
1. Gipsbinden in ca. 2 - 4 cm breite Streifen schneiden, in eine Schüssel geben. Andere Schüssel mit Wasser füllen.
2. Zunächst dicht geknüllte Zeitungspapierballen oder einen Stein auf die Platte legen, etwas Zeitungspapier darüber formen.
3. Ein Gipsbindenstück kurz in Wasser tauchen, auflegen und glatt streichen. Das Gebilde mit zwei bis drei Schichten so überarbeiten, dass der Papierballen bzw. der Stein noch entfernt werden kann. Bis der Gips abbindet, kann der Vorgang an einer anderen Stelle wiederholt werden. Auf diese Weise kann vorsichtig übereinander gebaut werden. Zum Überbrücken von Zwischenräumen kann zerknülltes Zeitungspapier verwendet werden.
4. Eventuell ein- oder mehrfarbiges Bemalen.

Variationen

- Bei Bauten mit Kleisterpapier werden kleine aufgeblasene Luftballons oder kleine Bälle gruppiert, mit Klebeband auf der Grundplatte fixiert und mit mehreren Schichten Kleisterpapier überarbeitet. Nach dem Trocknen (einige Tage) kann bemalt werden.
- Kleinformatige Bauten können mit in Form gebrachten Tonplatten und Tonwürsten aufgebaut werden.

BETRACHTUNG HISTORISCHER BAUTEN

Altersstufe
Klasse 7 - 8

Zielvorstellung

- Das Kennenlernen exemplarischer historischer Baubeispiele wird, soweit bisher noch nicht geschehen, angebahnt.
- Dabei erfahren die Schülerinnen und Schüler wesentliche Merkmale von Architektur. Dafür kommen in der Regel nur Bauten der näheren Umgebung in Frage. Aber auch bei Klassenausflügen oder während eines Schullandheimaufenthalts können Besichtigungen eingeplant werden. Denn nur am "Original" können die SchülerInnen Räumlichkeiten und Bauprinzipien konkret wahrnehmen und erfassen.

Arbeitsweise

Skizzieren des Grundrisses.
Skizzieren des Aufrisses.
Skizzieren von Details.
Klären, wo Stütze und Last zusammenkommen.
Klären, wie Gewichtsschübe verlaufen könnten, wo die Dächer bzw. Decken auf die Außenmauern beziehungsweise Stütz- und Strebepfeiler treffen.
Hören, wie der Raum klingt, hallt, ...
Aufbau des Gebäudes (Höhe, Stockwerke).
Innenraumgestaltung (einfach, überladen, ...).
Raumwirkung (hell, heiter, bedrückend, düster, ...).
Fotografieren wichtiger Teile.
Filmisches Dokumentieren des Baus und der Begehung.

Betrachtungsbeispiele

Romanische Kirche (Massenbauweise - massive Außenmauern)
Gotische Kirche (Skelettbauweise mit Strebewerk)
Barockkirche (Pfeilerbauweise und Raumwirkung)
Barocksaal (Raumwirkung)
Klassizismusbau (Block)
Barockschloß (Blockgruppierung)
Mittelalterliche Burg (teilweise Blockaddierung)

MUND-, OHR- UND NASENDESIGN

Altersstufe
Klasse 8 - 10

Zielvorstellung

- Herstellung eines Modells für außergewöhnliches „Kopfdesign" aus Ton
- Das Modell sollte durch Ausstattung und Bemalung eine besondere individuelle Note erhalten

Materialien/Werkzeug

1. Ton (zwei faustgroße Klumpen pro Schüler), Unterlage, Wasserschälchen. Es gibt Tonmischungen, die kaum reißen und bei dieser Ausformung nicht unbedingt gebrannt werden müssen.
2. Einfache Modellierwerkzeuge wie Pinselstil, Bleistift u. Ä.
3. Unterschiedliche Klein- und Dekomaterialien wie z. B. Reißzwecken, Pinn-Nadeln, Draht, Schmuckfedern, Stanzteile usw.
4. Deckweiß und Wasser- bzw. Dispersionsfarben, Haar- und Borstenpinsel.

Zeitaufwand
Mindestens zwei Unterrichsstunden.

Arbeitsweise

1. Ausformen des entsprechenden Kopf- oder Körperteils aus dem Tonklumpen heraus. Als Modell kann der/die Nachbar/in oder eine Bildvorlage dienen.
2. Alles was an weiteren designten Formen nicht aus der Tonplatte herausgearbeitet wurde, muss mit Schlicker (flüssiger Tonbrei) befestigt werden.
3. Eventuell Einstecken von Ausstattungsteilen.
4. Das Tonobjekt trocknen lassen oder brennen.
5. Bemalen nach eigenem Geschmack. Eventuell vorhergehendes Grundieren mit weißer Dispersionsfarbe.

Variationen

- Neuere Modetrends sind kaum vorhersagbar. Besondere Körperdesigns können mit Hilfe von Abbildungen aus Illustrierten auch grafisch (Filzstifte) oder mit farblichen Akzenten (Wasserfarben und Haarpinsel) vorgestellt werden.
- In Zusammenarbeit mit anderen Fächern können konkrete Objekte wie Tücher, Armbänder, Gürtel und sonstiger Schmuck individuell gestaltet werden.

HERZ-DESIGNOBJEKT

Altersstufe
Klasse 8 - 10

Zielvorstellung

- Herstellung eines Designerobjekts für die Wohnung. Das Modell sollte durch Ausstattung und Bemalung eine besondere Note erhalten

Materialien/Werkzeug

1. herzförmiger Luftballon.
2. Kleister und Zeitungspapier.
3. Brettstück (Sockel), Stab (Rundstab, Leiste, Dachlatte), Bohrer, Schraube, Schraubenzieher.
4. Unterschiedliche Klein- und Dekomaterialien wie z. B. Schmuckfedern, Pompons usw.
5. Deckweiß und Wasserfarben bzw. Dispersionsfarben, Haar- und Borstenpinsel.

Zeitaufwand
Insgesamt mindestens zwei Unterrichtsstunden.

Arbeitsweise
Einzel- und Partnerarbeit

1. Aufblasen und Einkleistern des Luftballons mit mehreren Schichten Kleisterpapier. Zwei bis drei Tage trocknen lassen.
2. Zur Herstellung des Ständers den Stab am Sockel befestigen und zwar mit Kleisterpapier am getrockneten Herzballon. Abstützen in richtiger Lage, bis das Verbindungsstück getrocknet ist.
3. Bemalen nach eigenem Geschmack. Eventuell vorhergehendes Grundieren mit weißer Dispersionsfarbe.
4. Zusätzliche Ausstattung mit Dekomaterial von Herz oder Standgerüst.

Variationen

- Luftballons in weiteren Formen, z. B. Kopf- oder Obstformen.
- Einkleistern von vorgefundenen Objekten wie zum Beispiel große Puppen, Schachteln, Blumentöpfe und Stühle.
- Unterschiedliche Sockel und Verbindungen (geformter Draht).

SCHIRM-ART

Kopiervorlage siehe Anhang Seite 95

Altersstufe
Klasse 7 - 10

Zielvorstellung

- Geplantes Umgestalten eines alten Schirmes bzw. Neugestaltung eines neutralen weißen Schirmes durch Umsetzung eines Entwurfes

Material/Werkzeug

1. Beispiele für Schirmdesign (Prospekte, Kataloge).
2. Entwurfspapier, Filz- oder Holzfarbstifte.
3. Schirm (weiß mit Baumwollbespannung) oder alter Schirm zum Umgestalten.
4. Stoffmalstifte, Stoffmalfarben und auch andere Flüssigfarben.

Zeitaufwand
Mindestens 60 Minuten.

Arbeitsweise

1. Entwerfen eines Musters oder eines Motivs.
2. Übertragen des Entwurfs auf den aufgespannten Schirm.
3. Farbiges und/oder grafisches Ausgestalten.

Variationen
Als weitere gestaltungs- oder umgestaltungsfähige Objekte können Mützen, Hüte, Krawatten, Hemden, T-Shirts, Tücher, Gürtel, Leinentaschen, Mäppchen usw. gewählt werden.

Werbefoto

SCHREIBTISCHBOX

Altersstufe
Klasse 8 - 10

Zielvorstellung
- An Beispielen von alltäglichen Gegenständen und durch eigene Arbeiten lernen die Schülerinnen und Schüler grundlegende Bedingungen von Produktgestaltungen kennen. Wegwerfmaterialien erhalten durch Kombination einen neuen Verwendungszweck

Material/Werkzeug
1. Grundplatte (Sperrholz, Pressspan), Säge.
2. Kunststoff- und Pappformen, Verpackungsteile (z. B. Filmdosen, Klopapierrolle, Obstschale, Eierkarton, Jogurtbecher).
3. Klebstoff, doppelseitiges Klebeband.
4. Evtl. Kleister, Zeitungspapier, Heißklebepistole.
5. Dispersionsfarben, Borsten- und Malerpinsel.

Zeitaufwand
Mindestens zwei Unterrichtsstunden.

Arbeitsweise
1. Auf die zugesägte/zugeschnittene Grundplatte (dreieckig, quadratisch usw.) werden die kleinen und größeren Behälter probeweise angeordnet und dann mit Klebstoff, einer Heißklebepistole oder doppelseitigem Klebeband fixiert.
2. Bemalen der Schreibtischbox mit nur einer Farbe oder mit mehreren Farben.

Variationen
- Aus gestalterischen Gründen können alle oder einzelne Formteile mit Kleisterpapier überarbeitet werden. Sie lassen sich nach dem Trocknen besser bemalen als glatte Kunststoff- oder Metallflächen.
- Alternativ zur Bemalung oder zum Spritzen (Spritzgerät) kann durch Überarbeitung mit eingekleistertem Transparentpapier eine besondere Farb- und Materialwirkung erreicht werden.

Rohbau der Schreibtischbox

Bemalte Schreibtischbox

UNMÖGLICHES

Altersstufe
Klasse 8 - 10

Zielvorstellung
- Mit Hilfe einer Bildmontage soll eine an sich unmögliche Situation dargestellt werden

Material/Werkzeug
1. Abbildungen von Gebäuden und Gebäudeteilen aus Zeitungen, Illustrierten, Architektur- und Kunstbüchern, Prospekten, Kopien von Grafiken oder Kunstdrucken.
2. Kopiergerät (am besten mit Vergrößerungs- und Verkleinerungsfunktion).
3. Schere, Klebstoff, evtl. Lineal und Cutter mit Unterlage.
4. Zeichenblock, Tonpapier oder feste Kalenderbilder als Bildträger (mindestens DIN-A4-, maximal DIN-A3-Format).

Zeitaufwand
Mindestens 60 Minuten.

Paul Citroen, Metropolis

Arbeitsweise
1. Herstellen einer ausreichenden Anzahl von Kopien, Sammeln und Sichten von weiterem Bildmaterial.
2. Gezieltes Ausschneiden mehrerer Bildteile. Probeweises Anordnen, Kombinieren von Gebäudeteilen und Gebäuden. Die groß erscheinenden Bildteile rücken in den Vordergrund, die kleinen in den Hintergrund.
3. Aufkleben der Bildteile auf den Bildträger, von oben nach unten (von hinten nach vorne) arbeiten, Überschneidungen beachten.

Variationen
Unmögliche Bildwirkungen lassen sich auch mit anderen Themen und Motiven erreichen: Superstau, Unmögliches Ersatzteillager, Einer fällt auf, Pflanzenmixbild, Auf dem Kopf.

GESPRENGTE GESICHTER

Kopiervorlage
siehe Anhang
Seite 96

Altersstufe
Klasse 8 - 10

Zielvorstellung

- Aus Bild- und Fotomaterial und Kombination einzelner Teile sollen neue Bildaussagen und neue Zusammenhänge entstehen
- Verändern eines Gesichtes durch Zerbersten in Bildscherben oder sonstige splitterartige Formen

Material/Werkzeug

1. Gesichter bzw. Köpfe ca. DIN-A5- bis maximal DIN-A4-Format aus Illustrierten, Zeitungen oder Kalender.
2. Schere, Klebstoff.
3. Schreibmaschinenpapier, Tonpapier, Regenbogenbuntpapier, Illustriertenbild etc. (DIN A4 oder etwas größer) als Bildträger/Bildgrund.

K. Piotrowska, Tuch

Zeitaufwand
Mindestens eine Unterrichtsstunde.

Arbeitsweise

1. Gesicht ausschneiden und Bildgrund auswählen.
2. Mit der Schere von unten bis zur Gesichtsmitte schneiden und im Nasen-Mund-Bereich ein erstes scherbenartiges Stück ausschneiden. Das ausgeschnittene Stück wird unmittelbar in die Mitte des Bildgrundes geklebt.
3. Von der Gesichtsmitte aus werden nach und nach weitere Stücke abgeschnitten und jeweils sofort aufgeklebt. Es soll ein explosionsartiger, zerspringender Eindruck vermittelt werden.

Variationen

- Die dynamisch zerberstende Wirkung kann noch verstärkt werden, wenn zwei gleiche Gesichter (Kopien) verwendet werden.

- Zwei gleiche oder zwei unterschiedliche Gesichter (Figuren) können in Streifen geschnitten und leicht versetzt aufgeklebt werden. Es entsteht eine Rollage mit verzerrender Wirkung.

ÜBERRASCHENDES

Altersstufe
Klasse 8 - 10

Zielvorstellung
- Durch Ausschneiden/Aussparen von Bildteilen aus einer Bildfläche und deren Wiederverwendung an anderen Stellen soll eine überraschende Bildwirkung entstehen

Material/Werkzeug
1. Farbige oder Schwarz-Weiß-Bilder aus Zeitungen, Illustrierten, Kopien von Grafiken oder farbigen Kunstdrucken.
2. Schere, Klebstoff, evtl. Lineal und Cutter.
3. Farbiges Schreibmaschinenpapier oder Tonpapier als Bildträger. Der Bildträger muss größer sein als die gewählte Abbildung, da die ausgeschnittenen Bildteile auch auf eine freie Fläche collagiert werden können.

Zeitaufwand
Mindestens 30 Minuten für eine Collage.

Nick Strong, Photo Composing

Arbeitsweise
1. Sammeln und Auswählen von Bildern. Entwickeln von Bildideen, die einen Überraschungseffekt erkennen lassen.
2. Gezieltes Ausschneiden eines oder mehrerer Bildteile. Probeweises Anordnen, Kombinieren.
3. Aufkleben des Bildteils/der Bildteile in die Abbildung und/oder die freie Fläche.

Variationen
Überraschende Bildwirkungen lassen sich auch erreichen,
- wenn in eine große schwarz-weiße Bildvorlage kleine Farbfiguren integriert werden,
- wenn in eine große farbige Vorlage schwarz-weiße Bildteile (Fotos, Grafiken, Teile von Zeichnungen) montiert werden,
- wenn ungewöhnliche, nicht passende Bildteile in eine Bildvorlage geklebt werden.

VERÄNDERUNGEN

Altersstufe
Klasse 8 - 10

Zielvorstellung
- Eine Porträtaufnahme oder ein anderes fotografisches Motiv wird durch Einritzen markanter Umrisse sowie Schraffuren verändert

Material/Werkzeug
1. Alte Farb- oder Schwarz-Weiß-Fotos.
2. Große spitze Nadel oder Radiernadel.
3. Wasserfarben, Haarpinsel.

Zeitaufwand
Mindestens eine Unterrichtsstunde.

Horst Janssen, Selbst

Arbeitsweise
1. Auf dem Foto werden markante Umrisse „nachgeritzt". Flächen können mit einfachen Schraffuren differenziert gestaltet werden.
Die obere Schicht sollte durch das Ritzen nicht zu stark ausreißen.
2. Helle Ritzspuren und ausgerissene oder abgekratzte Bildteile können übermalt werden.

Variationen
- Veränderungen von Fotos sind auch mit gut deckenden Lackstiften und permanenten Filzstiften möglich.
- Die eingeritzten Fotos können auch als Druckstock genutzt werden (siehe Fotodruck).

EIN BESONDERES SELBSTPORTRÄT

Altersstufe
Klasse 7 - 10

Zielvorstellung
- Herstellen eines oder mehrerer Selbstporträts zum Zwecke der Selbstdarstellung
- Integration der Figur in eine Umgebung

Material/Werkzeug
1. Farbfilm, einfache Kameras.
2. Kleidung, Hüte, Accessoires, Schminkutensilien.
3. Bettlaken, Decken, Moskitonetze, Pack- und Tonpapiere, verschiedene Hintergründe.
4. Evtl. zusätzliche Beleuchtungsmöglichkeiten.
5. Schere, Klebstoff, verschiedene Bildvorlagen (Kalenderbilder, Poster, Illustriertenbilder).

Zeitaufwand
Zwei Unterrichtsstunden sollten genügen.

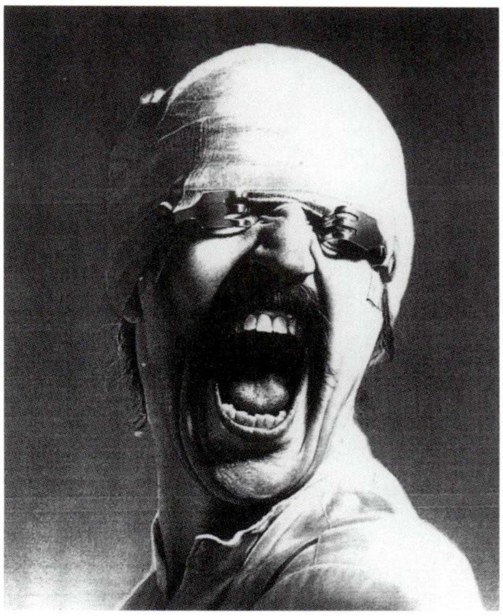

Gottfried Helnwein, Selbstporträt

Arbeitsweise
Partner- oder Gruppenarbeit.
1. Mindestens zwei Schüler bilden ein Team, das sich gegenseitig berät, schminkt, verkleidet, in Pose bringt, Anweisungen gibt, beleuchtet, die Aufnahmeperspektive wählt, mehrmals fotografiert.
2. Entwickeln der Fotos im örtlichen Fotogeschäft oder im schuleigenen Labor.
3. Die abgebildete Person wird umrisshaft ausgeschnitten und in eine selbst gewählte Umgebung collagiert.

Variation
- Statt herkömmlichen Collagen können auch gescannte Bildkombinationen erstellt werden.
- Aufnahmen mit Digitalkameras. Bearbeiten der Bildausdrucke durch Collagieren oder mit Scanner.

TEXT-BILD-KOMBINATIONEN

Altersstufe
Klasse 7 -10

Zielvorstellung

- Zu kleinen Texten sollen passende Bilder und/oder zu vorgefundenen Bildern passende Texte gefunden und für eine homogene Bildaussage entsprechend kombiniert werden. Es können ernste, nachdenkliche aber auch witzige und ungewöhnliche Bild-Text-Kombinationen entstehen

Material/Werkzeug

1. Bilder aus Illustrierten, Zeitungen, Kalendern und Prospekten, auch Fotos aus dem privaten Bereich oder Selbstporträts.
2. PC und Drucker.
3. Schere, Klebstoff.
4. Schreibmaschinenpapiere, Tonpapiere.

Zeitaufwand
Insgesamt ca. zwei Unterrichtsstunden, eine Zusammenarbeit mit dem Fach Deutsch wäre sinnvoll.

Martin Tubbesing, ... SPORT ist mehr ...

Arbeitsweise

1. Sammeln und sichten des Bildmaterials. Finden und Sammeln von markanten Aussprüchen und kleinen Texten.
2. Sich für ein Ausgangsbild entscheiden und dazu einen passenden Text suchen. Oder umgekehrt: Zu einem Text ein passendes Bild suchen.
3. Schreiben des Textes, Erproben unterschiedlicher Schriftarten und Anordnungen. Texte mit unterschiedlichen Schriftarten können am PC erstellt werden.
4. Ausschneiden, Anordnen, Aufkleben des Bildmaterials und des Textes.

Variationen
Die gesammelten Werke können in einem kleinen Buch oder zu einem individuellen Kalender zusammengefasst werden.

Anhang

Bildnachweis:

S. 11	Hamngren, Hans	Sprengzeichnung	© VG Bild-Kunst, Bonn 2000
S. 20	Schwarz, Martin	Das gekritzelte Nichts	© EigenArt Verlag, Winterthur
S. 24	Andrea, Pat	Der Herr und sein Hund	© VG Bild-Kunst, Bonn 2000
S. 29	Enrst, Max	Totem und Tabu	© VG Bild-Kunst, Bonn 2000
S. 33	Mondrian, Piet	Komposition	© Mondrian/Holtzmann Trust c/o Beeldrecht, Amsterdam, Holland/ VG Bild-Kunst, Bonn 2000
S. 34	Braque, Georges	Violine und Krug	© VG Bild-Kunst, Bonn 2000
S. 41	Picasso, Pablo	Artisten	© Succession Picasso/ VG Bild-Kunst, Bonn 2000
S. 60	Nevelson, Louise	Königliche Zeiten	© VG Bild-Kunst, Bonn 2000
S. 61	Smithson, Robert	Spyral Jetty	© VG Bild-Kunst, Bonn 2000
S. 63	Nesch, Rolf	Der Schnarcher	© VG Bild-Kunst, Bonn 2000
S. 64	Arman Fernandez, Armand	Stegosaurus	© VG Bild-Kunst, Bonn 2000
S. 67	Brancusi, Constatin	Der Kuss	© VG Bild-Kunst, Bonn 2000
S. 70	Escher, M.C.	Relativität	© Cordon Art B.V., Baarn, Holland
S. 79	Citroen, Paul	Metropolis	© VG Bild-Kunst, Bonn 2000
S. 82	Janssen, Horst	Selbst	© VG Bild-Kunst, Bonn 2000
S. 83	Helnwein, Gottfried	Selbstporträt	© VG Bild-Kunst, Bonn 2000

S. 36	Köhler, G.	aus: „Sport ist mehr“
S. 44	Schwab, U.G.	mit freundlicher Genehmigung
S. 84	Tubbesing, Martin	der Württembergischen Versicherung

Leider ist es nicht bei allen Künstler-Abbildungen gelungen, die Rechteinhaber zu erreichen. Ansprüche der Rechtsinhaber werden selbstverständlich im Rahmen der üblichen Konditionen abgegolten.

Fotokopiervorlagen

Bei Vergrößerung um den Faktor 1.2 erhalten Sie das Motiv ohne Rahmen.

Fantastische Figur entdeckt

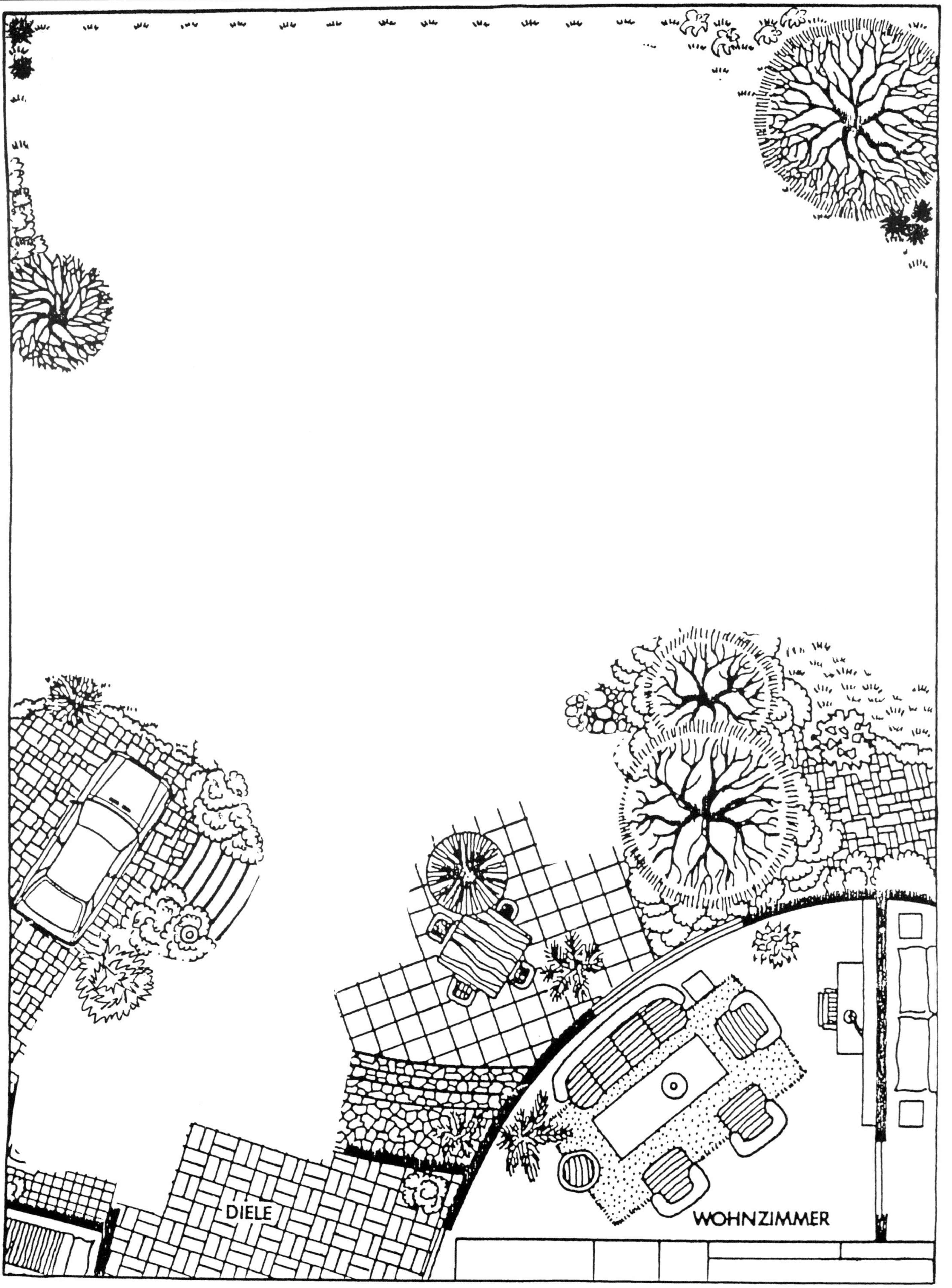

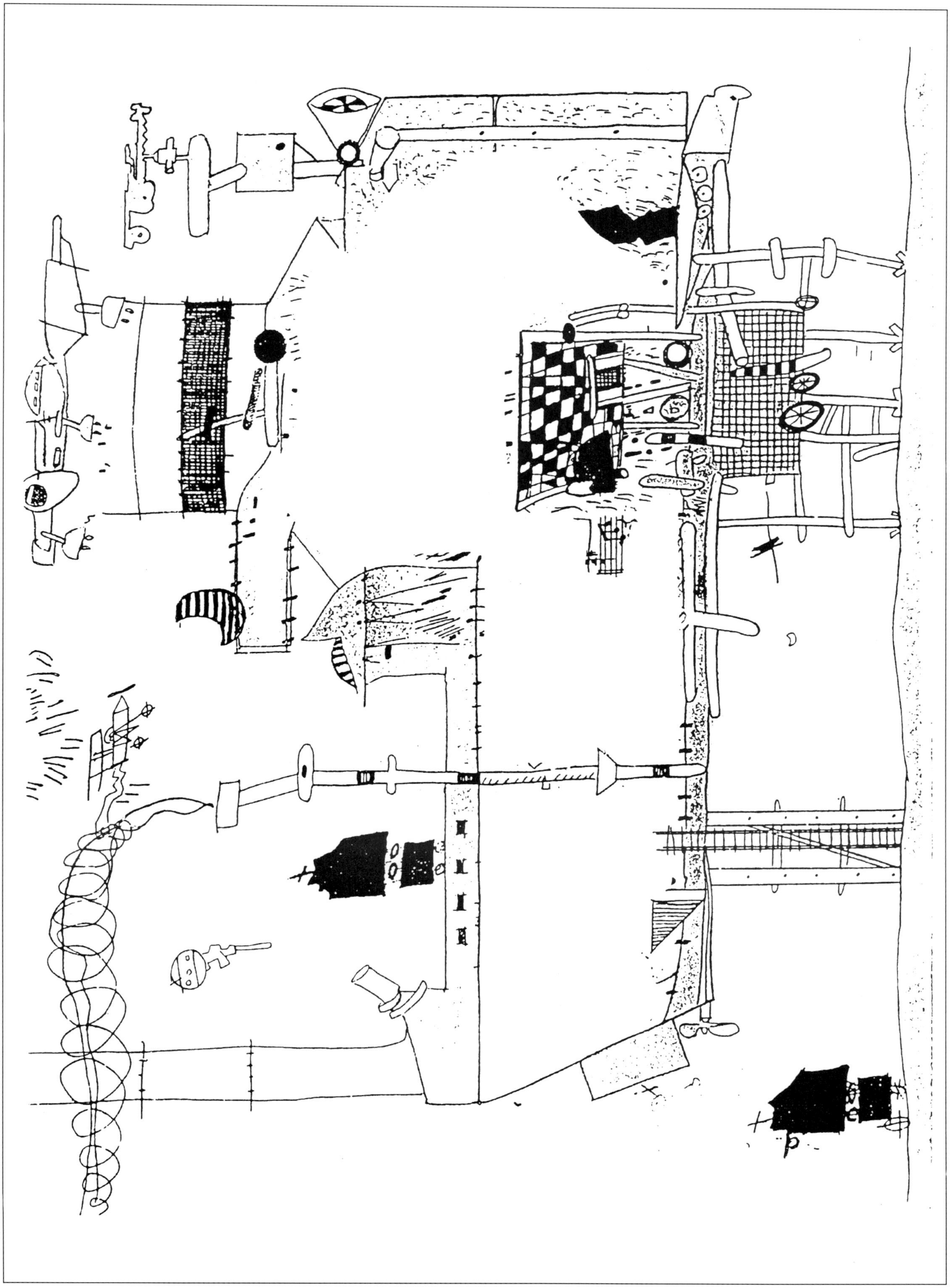

Total verrückter Kopfschmuck

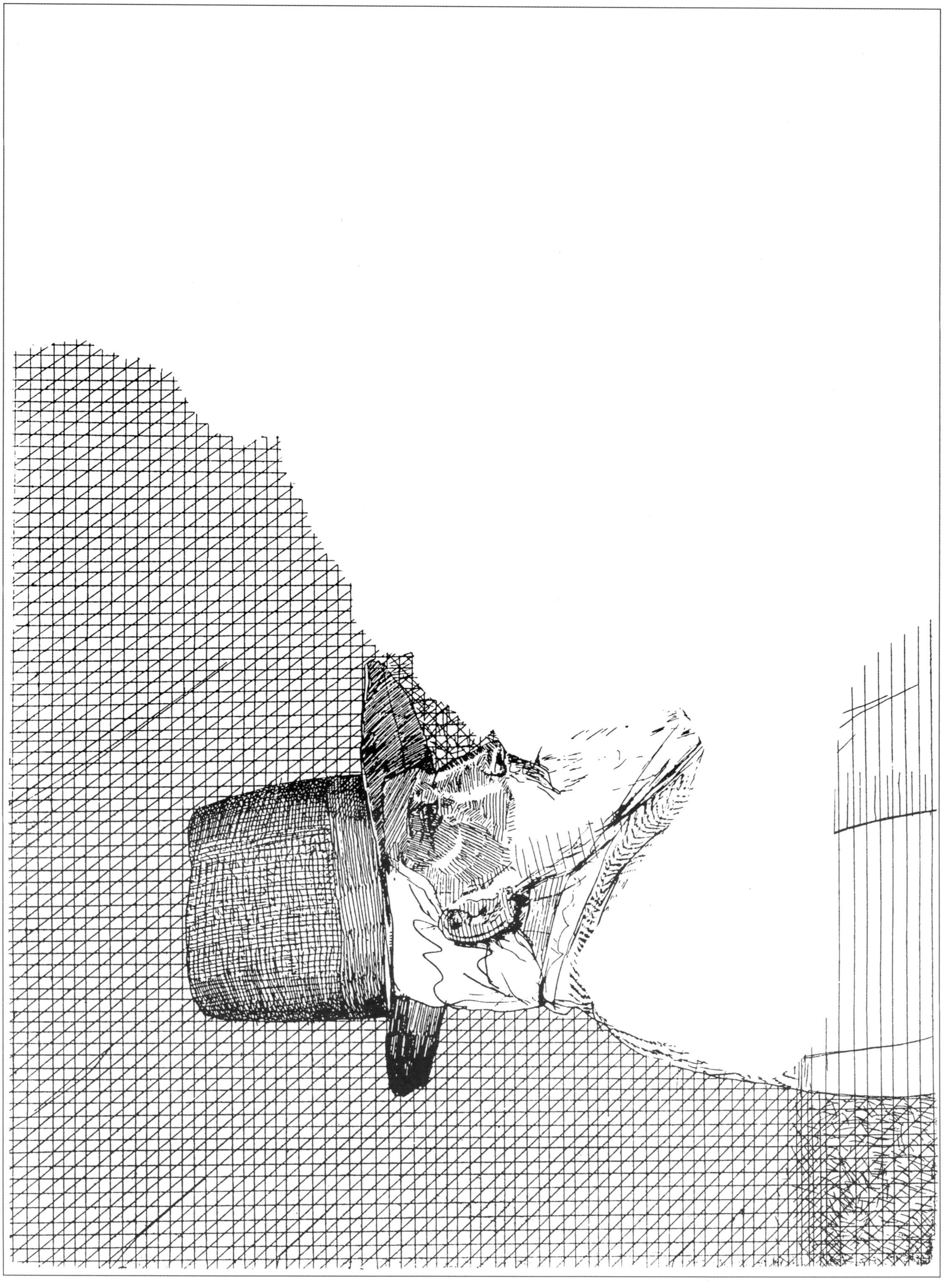

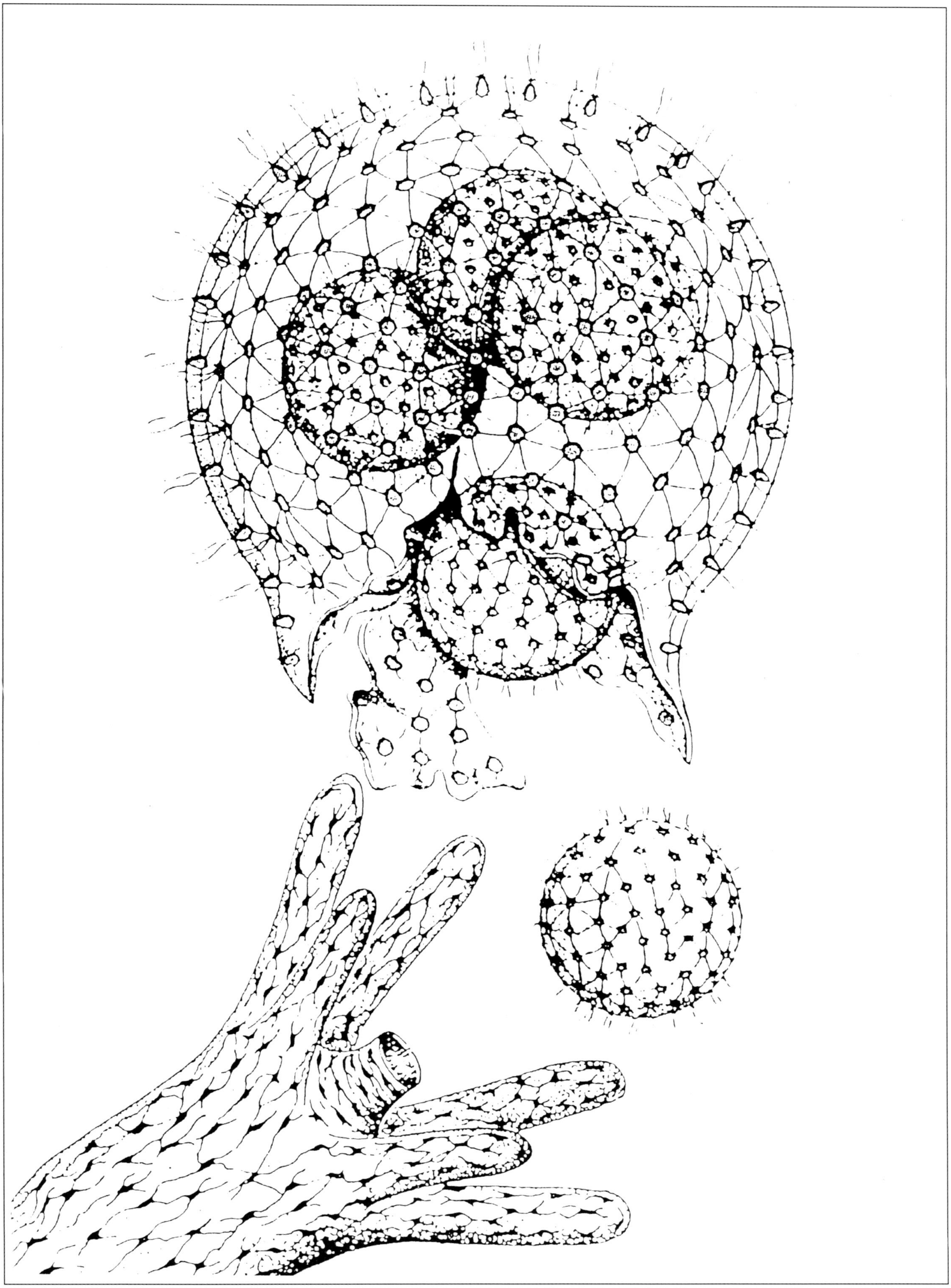

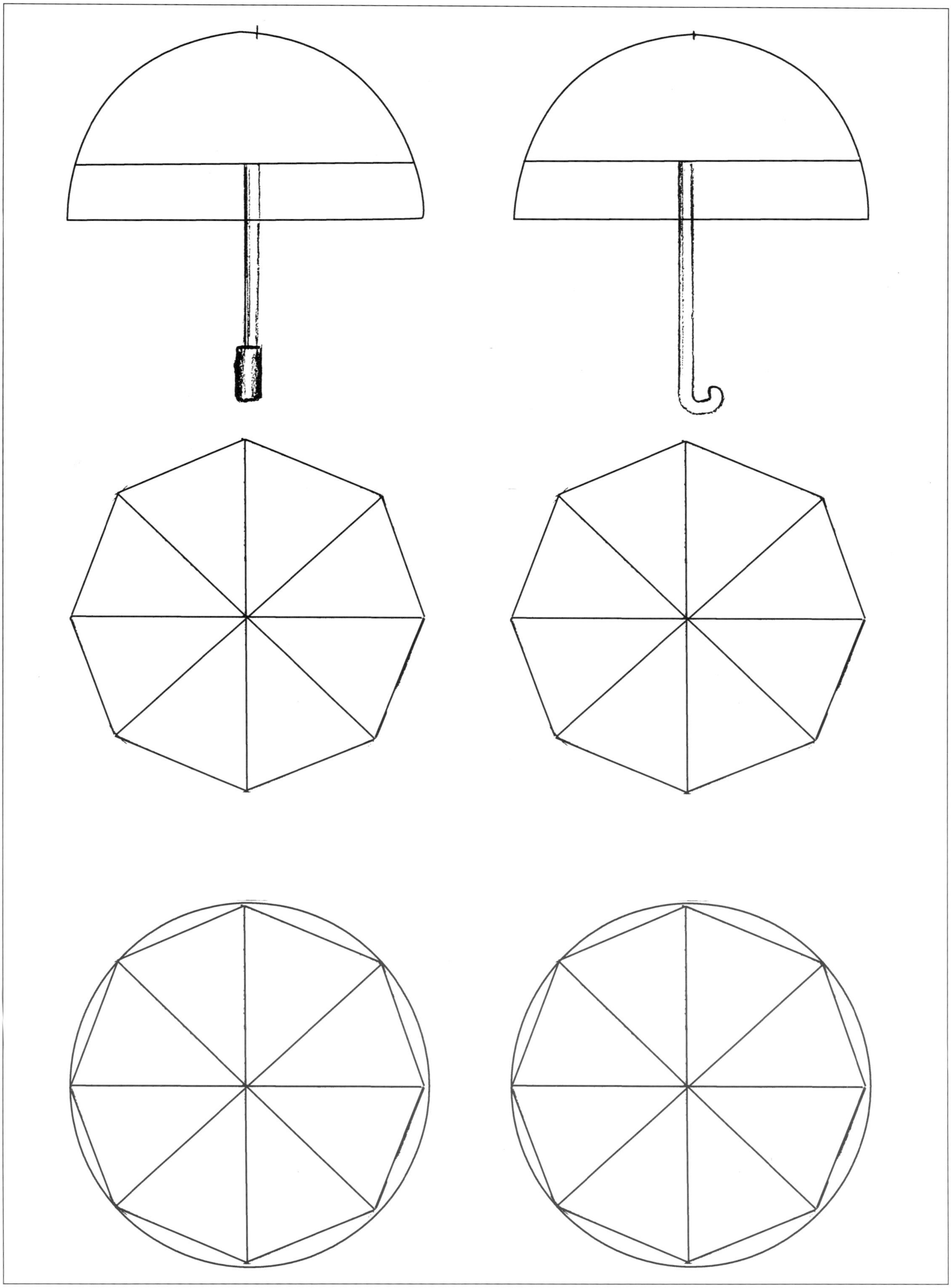